W0187501

Gustav Keller
Lehrer helfen lernen

Gustav Keller

Lehrer helfen lernen

Lernförderung – Lernhilfe – Lernberatung

4., mehrfach überarbeitete Auflage

Verlag Ludwig Auer Donauwörth

Für Birgit, Ursula und Iris

Gedruckt auf umweltbewußt gefertigtem,
chlorfrei gebleichtem und alterungsbeständigem Papier.

4., mehrfach überarbeitete Auflage. 1993
© by Ludwig Auer GmbH, Donauwörth. 1991
Alle Rechte vorbehalten
Umschlaggestaltung: H. Hülsmann, Bissingen
Gesamtherstellung: Ludwig Auer GmbH, Donauwörth
ISBN 3-403-01700-1

Inhaltsverzeichnis

0. Vorbemerkung

Das vorliegende Buch zeigt Lehrern auf, wie sich im Unterricht die Lernmotivation, die Lernbedingungen, das Gedächtnis und die Konzentration fördern lassen. Und es leitet auch dazu an, Schülern Lernstrategien zu vermitteln und bei der Überwindung von Lernschwierigkeiten zu helfen.

„Lehrer helfen lernen" ist das Pendant zu meinem Schülerbuch „Lernen will gelernt sein", das allgemeine und fachbezogene Lernstrategien zum Inhalt hat (*Keller* 1991). Es gründet auf langjährigen Erfahrungen schulpsychologischer und unterrichtlicher Lernförderung. Ein reines Rezeptbuch ist es freilich nicht. Denn das zugrunde liegende Förderkonzept wird auch lernpsychologisch und lernbiologisch zu begründen versucht. Dies jedoch nach dem Vorsatz: so viel Praxis wie möglich, so viel Theorie wie nötig.

Die einzelnen Fördermöglichkeiten werden so dargestellt, daß zunächst von typischen Lernschwierigkeiten ausgegangen wird. Im nächsten Schritt wird gezeigt, wie diesen Lernschwierigkeiten bereits durch unterrichtliche Lernförderung vorgebeugt werden kann. Abschließend wird gründlich darauf eingegangen, wie Schülern handlungsorientiert Strategien zur Erleichterung und Verbesserung des Lernens vermittelt werden können. Damit soll ein altes, reformpädagogisches Lernziel erreicht werden: die Fähigkeit zum selbsttätigen Lernen.

Das Buch enthält auch konkrete Anleitungen, wie Lehrer mit lernschwierigen Schülern Lernberatungen, Lerngruppen oder Lernkurse durchführen können. Nicht zuletzt wird die Frage nach der Wirksamkeit der Lernförderung an Hand von Erfolgskontrollen beantwortet.

Das Lernförderkonzept ist vielerorts erprobt und ins pädagogische Handeln umgesetzt worden. Die bisherigen Rückmeldungen und Wirkungsanalysen sind ermutigend. Und es wird dabei immer wieder erwähnt, daß Lernförderung das Lehrerbild positiv verändere. Eltern und Schüler betrachteten den Lehrer weniger als Stoffvermittler und Prüfer, sondern als Helfer und Förderer. Dies mache das Lernklima angenehmer und freundlicher.

Die in diesem Buch angesprochenen Grundtatsachen des Lehrens und Lernens sind auf jeder Altersstufe und in jeder Schulart von Belang. Sie sind jedoch in den Klassen 3 bis 6 am meisten zu berücksichtigen und in konkrete Lernförderung umzusetzen. Zwischen dem Ende der Kulturtechnik-Vermittlung und dem Beginn der Pubertät liegt nämlich eine sensible Phase, in der Schüler für die Aneignung von Lerneinstellungen und Lernstrategien besonders empfänglich sind. Findet in diesem Zeitraum keine Prägung und Förderung statt, sind Lernschwierigkeiten vorprogrammiert. Sie brechen dann oft auf, wenn die Lernanforderungen immer mehr ansteigen und die Pubertätskrise dem Lernenden psychische Energien entzieht.

Mein abschließendes Anliegen ist, daß Lehrer und Eltern bei der Lernförderung eng miteinander kooperieren. Vor allem Elternabende sollten intensiv dazu genutzt werden, Probleme des Lernens zu besprechen und Möglichkeiten der Lernförderung aufzuzeigen. Auch hierzu kann dieses Buch dienlich sein.

1. Einführung in die Lernförderung

Aufgrund einer zu starken Lehrzielorientierung und einer übermäßigen, Wissenschaftszwängen unterliegenden Lehrstoffexpansion ist in den siebziger Jahren ein Ungleichgewicht zwischen Lehren und Lernen entstanden. Die Förderung der Lernmotivation und des Lernverhaltens haben im selben Maße abgenommen. Die von der curricularen Pädagogik prognostizierte Optimierung des Lernerfolgs blieb aus. Im Gegenteil, Lern- und Arbeitsschwierigkeiten haben deutlich zugenommen. In schulpsychologischen Statistiken rangieren sie inzwischen deutlich an vorderster Stelle (*Berg/Neubauer* 1982; *Kuntze* 1982).

Als Reaktion auf dieses Lehr-Lern-Ungleichgewicht ist seither das Angebot an außerschulischen Lerntechnik- und Lernhilfeprogrammen rapide angestiegen. Das Erlernen des Lernens und das Schließen von Vorkenntnislücken verlagerte sich immer mehr in den Bereich der häuslichen Lernförderung, des Nachhilfeunterrichts und kommerziell betriebener Lern- und Paukstudios. Daß solche Lernförderchancen sehr stark vom sozio-ökonomischen Status der Eltern abhängen, liegt klar auf der Hand. Die Folgen des Lehr-Lern-Ungleichgewichts sind um so gravierender, je schärfer man das Problem aus dem Blickwinkel der Schulerfolgsforschung betrachtet. Denn diese konnte immer wieder aufzeigen, daß das Lern- und Arbeitsverhalten im Verlauf der Schuljahre mit den Schulnoten immer stärker korreliert und die Intelligenz immer schwächer. Während in der Grundschule der Beitrag der Intelligenz zur Schulleistung noch relativ groß ist (*Tiedemann* 1981), geht er im Sekundarschulbereich kontinuierlich zurück. Schulleistungsunterschiede werden dann nur noch zu etwa einem Viertel direkt von der Intelligenz bedingt (Sander 1981, S. 25). Dies ist nicht so zu verstehen, daß die Intelligenz unbedeutend wird. Aber sie ist nunmal großenteils Potential, das in Schulleistungen umgesetzt werden muß und hierzu auf das Lern- und Arbeitsverhalten als Stützfaktor angewiesen ist. Dies soll an ein paar empirischen Beispielen verdeutlicht werden.

Thiel/Keller (1978) errechneten zwischen dem Lern- und Arbeitsverhalten, gemessen mit dem Arbeitsverhaltensinventar–AVI (*Thiel/Keller/Binder* 1979), und der Durchschnittsnote in Klasse 11 einen Zusammenhang von r = 0,68 für Schüler und r = 0,63 für Schülerinnen. Die Korrelation zwischen dem Intelligenz-Struktur-Test IST und der Durchschnittsnote betrug bei derselben Stichprobe lediglich r = 0,43; also ein deutlich niedrigerer Beitrag zur Unterschiedlichkeit der Schulleistungen. Eine Forschungsgruppe der Universität Frankfurt (*Hoffmann/Kanig/Weltner* 1979) ermittelte einen Zusammenhang von r = 0,67 zwischen dem Notendurchschnitt der mathematisch-naturwissenschaftlichen Fächer in Klasse 11. Dieses Ergebnis ist um so erstaunlicher, als in pädagogischen Alltagstheorien oft angenommen wird, Mathematik und Naturwissenschaften seien reine „Begabungsfächer".

In einer Untersuchung von *Brown/Holtzman* (1967) korrelierte das Lern- und Arbeitsverhalten bei Siebtkläßlern mit der Durchschnittsnote r = 0,55. Bei *Keller* (1983) betrugen die Zusammenhänge in den Klassen 7–9 r = 0,56 und in den Klassen 5–6 r = 0,42. Man sieht also, daß der Einfluß des Lern- und Arbeitsverhaltens in der Orientierungsstufe noch nicht so stark ist, aber bereits genauso stark wie der der Intelligenz.

Aber nicht nur Korrelationsstudien unterstreichen die Rolle des Lern- und Arbeitsverhaltens beim Zustandekommen des Schulerfolgs. So befragte *Löwe* (1972) Lehrer über die Mißerfolgsgründe von 2000 Schulversagern der Klassen 1–8. Diese gaben am häufigsten Lern- und Arbeitsverhaltensdefizite als Ursache an. Die Arbeitsgruppe Schulforschung förderte unter der Leitung von *Hurrelmann* (1980) ein ähnliches Resultat zutage, als 40 Gymnasiasten und Hauptschüler aus Klasse 8, deren Lehrer und Eltern nach den Gründen des Schulversagens gefragt wurden. Als Hauptgrund wurde wiederum das Lern- und Arbeitsverhalten genannt.

Die Enttäuschungen über die geringe Wirksamkeit der curricularen Pädagogik, das Ansteigen der Lern- und Arbeitsschwierigkeiten und die empirischen Erkenntnisse zum Schulerfolg haben einen schulpädagogischen Umdenkprozeß in Gang gesetzt. Nicht die Taxonomie und Erreichung möglichst vieler Lernziele stehen im Vordergrund, sondern die Festigung und Sicherung des Grundwissens und die Entwicklung von „Fähigkeiten und Fertigkeiten . . ., die in bereichsspezifischer Weise alles künftige Lernen verbessern sollen" (*Weinert* 1983, S. 329). So sind in der schulpädagogischen Literatur wieder Postulate wie das folgende zu finden: „Erste Aufgabe des Unterrichts ist es, das Lernen zu lehren bzw. Lernen zu lernen" (*Bronnmann/Kochansky/Schmid* 1981, S. 31).

Das Lehren des Lernens, schon eine zentrale Forderung der Reformpädagogik der zwanziger Jahre (*Potthoff* 1981, S. 100), hat seine Bedeutung als zentrales Unterrichtsziel und Unterrichtsprinzip wiedererlangt. War vor Jahren noch die Idee der Lern- und Denkerziehung bzw. der formalen Bildung als „unwissenschaftlich" verdrängt (*Eigler* 1983, S. 333) worden, so kommt diesem Thema auf einmal wieder „eine besonders hohe wissenschaftliche und öffentliche Reputation" (*Weinert* 1983, S. 329) zu.

Den Schulpraktiker wird nun interessieren, was unter den oft synonym gebrauchten Begriffen wie „Lernen lernen", „Lernen lehren", „Lern- und Arbeitstechniken", „Lernstrategien" oder „Lernmethoden" konkret zu verstehen ist. Obwohl zwischen ihnen bedeutungsmäßige Unterschiede bestehen, gehören sie ein- und demselben Begriffsfeld an. Dieses soll anhand der folgenden, gängigen Definitionen beschrieben und bestimmt werden:

„. . . Methoden, die dem Aufnehmen, Verarbeiten und Weitergeben von Wissensstoff, der sinnvollen Planung der Zeit sowie der rationellen Erledigung der anfallenden Aufgaben dienen".
Naef 1983, S. 13

„Lernen des Lernens sei definiert als Prozeß der Vermittlung und Sicherung von Verfahren, durch deren Ergebnis der Lernende zukünftig imstande ist, kulturelle, gesellschaftliche und personale Aufgaben besser zu erkennen und leichter zu bewältigen. Nach einem Lernen des Lernens sollte der Schüler in der Lage sein, Teilprozesse des Lernens (z. B. Aufnahme, Verarbeitung, Anwendung) und ihnen zugrunde liegende Dispositionen (z. B. Motivation, Gedächtnis, Denken) und ihr Zusammenwirken in und außerhalb der Schule rationeller zu organisieren."
Stuckert 1973, S. 41

„. . . Verhaltensweisen, die ihr (der Schüler) Lernen erleichtern, steuern und verbessern . . . Wir halten es dabei nicht für fruchtbar, zwischen Arbeits- und Lernverhalten zu unterscheiden, da wir darin nur zwei Aspekte der gleichen Sache sehen".
Kleber/Fischer 1978, S. 561 f.

„Lernen lernen heißt, daß der Lernprozeß selbst zum Gegenstand des Lernens gemacht wird. Die Erfahrung des Lernens wird Inhalt der Reflexion, d. h. der bewußten Durchdringung gemachter Lernprozesse, mit dem Ziel, Einsichten in den eigenen Lernprozeß zu gewinnen, um nachfolgende Lernhandlungen besser vollziehen zu können."
Rainer 1980, S. 124

„Unter Lernstrategien werden zielgerichtete Aktivitäten des Individuums verstanden, die intentional dazu eingesetzt werden, Prozesse des Verstehens, Einprägens, Behaltens und Erinnerns zu verbessern."
Ballstaedt/Mandl/Schnotz/Tergan 1981, S. 285

„. . . bedeutet in vielerlei Hinsicht intelligenter zu lernen. Das gilt nicht nur für Problemlösen und operatives Verstehen, sondern auch für den Wissenserwerb, also für die Aufgabe, neue Informationen intelligent aufzunehmen, zu verschlüsseln, zu organisieren und zu speichern, so daß sie später effektiv und flexibel genutzt werden können."
Weinert 1983, S. 330

In fast allen Definitionen kommt zum Ausdruck, daß es sich beim Erlernen des Lernens um die Aneignung von Kenntnissen und Fertigkeiten handelt, die den Lernprozeß steuern und erleichtern helfen. Der Schüler lernt, wie er denkend und handelnd die Lernmotivation, die Lernbedingungen, das Gedächtnis, die Konzentration sowie das fachbezogene Lernen und Problemlösen (z. B. Textaufgabenlösen oder Aufsatzschreiben) fördern kann. Dies führt zur Entwicklung und zum Aufbau dessen, was in der Pädagogischen Psychologie als Metakognition bezeichnet wird: „Kenntnisse, die der Mensch über seine eigenen kognitiven Prozesse hat" (*Brown* 1984, S. 63).

Zu fragen ist, wie Schüler die allgemeinen und fachbezogenen Lernstrategien erwerben. Ein Teil erlernt sie selbständig durch Versuch und Irrtum oder durch Einsicht. Ein anderer Teil erlernt sie von den Eltern durch Instruktion und Imitation, was nach unseren schulpsychologischen Erfahrungen sehr stark vom Bildungsstatus der Eltern abhängt. Der Großteil jedoch ist beim Lernen lernen auf die Schule angewiesen, insbesondere Schüler aus bildungsferneren Sozialschichten. Daraus ergibt sich für die Schule ein besonderer Erziehungs- und Bildungsauftrag, der im Begriff „Lernförderung" am treffendsten zum Ausdruck kommt. Lernförderung bedeutet, daß die Schule nicht davon ausgehen darf, der Schüler erlerne das Lernen von selbst oder von den Eltern, sondern daß sie das Lernen ganz einfach auch lehren muß.

Lernförderung dient nicht nur der Erleichterung und Steuerung des Lernprozesses, sondern der Vorbereitung auf das immer wichtiger werdende lebenslange Lernen in der Informationsgesellschaft. Wie sich der Bürger hier zurechtfindet, wird nicht von der Quantität des gelehrten Stoffes, sondern von der Qualität der Lernmethode abhängen. Darauf ist zwar schon zu Beginn der Bildungsreform im Strukturplan für das Bildungswesen hingewiesen worden: „Die gezielte Förderung der Fähigkeit des Lernens . . . wird auch gefordert durch das Tempo der gesellschaftlichen, technisch-wissenschaftlichen und wirtschaftlichen Entwicklung sowie durch die Veränderung der Lebensumstände und der Arbeitsverhältnisse"

12

(*Deutscher Bildungsrat* 1970, S. 33). Leider ist dieses Postulat in den siebziger Jahren kaum beachtet und verwirklicht worden, es setzte sich vielmehr der Anspruch durch, in den Lernzielen und Lehrstoffen der Schulen möglichst viel Wissen unterzubringen.

Die in den letzten Jahren immer deutlicher gewordenen Forderungen nach methodischer Bildung und schulischer Lernförderung haben mittlerweile zu ersten schulpolitischen und schulpraktischen Konsequenzen geführt: Lehrstoffreduktion, um dem Erlernen des Lernens sowie dem Üben und Verfestigen des Lernstoffes breiteren Raum zu gewähren; Lerntechnikkurse und Arbeitsgemeinschaften „Lernen lernen"; Produktion der Schulfernsehreihe „Gut geplant ist halb gelernt" in den Bundesländern Baden-Württemberg, Rheinland-Pfalz und Saarland. Dies sind zweifellos wichtige erste Schritte zur Verbesserung schulischer Lernförderung. Was allerdings bisher noch sehr im argen liegt, ist eine Intensivierung der direkten unterrichtlichen Lernförderung in enger Anlehnung an den Unterrichtsstoff. Denn eine zu isolierte Lern- und Arbeitstechnikvermittlung birgt die Gefahr mangelnder Motivierung und fehlender fachbezogener Umsetzung. Nach unseren Erfahrungen nehmen an freiwilligen Lerntechnikkursen leistungsschwächere Schüler – die eigentliche Zielgruppe der Lernförderung – in unbefriedigendem Maße teil. Dadurch wächst die Kluft zwischen teilnahmebereiten Leistungsstarken und teilnahmeabstinenten Leistungsschwachen.

Lernförderung sollte also im Unterricht beginnen. Er ist für das Erlernen des Lernens der geeignetste Lernort, da alle Schüler erreicht und Lernstrategien handlungs- und praxisbezogen eingeübt werden können. Die unterrichtliche Lernförderung sollte jedoch durch Lerngruppen, Lernkurse und Lernberatungen ergänzt werden, da sie vorwiegend präventiven Zielen dient und aktuelle Lernschwierigkeiten oft nicht sofort abbauen kann.

Was den zeitlichen Beginn der Lernförderung betrifft, so sollte der Grundsatz gelten: je früher, desto wirksamer. Bereits im Grundschulalter ist das Kind, vom kognitiven Entwicklungsstand her betrachtet (s. *Oerter/ Schuster* 1983), in der Lage, Lernstrategien zu verstehen und anzuwenden. Im gleichen Maße, wie die kognitive Entwicklung fortschreitet, entwickeln sich die Metakognition und das Metagedächtnis. Allerdings nicht spontan, sondern in Abhängigkeit von Lernförderung. Natürlich darf der Akzent dieser frühen Lernförderung nicht auf der Vermittlung von Lernwissen liegen, sondern auf dem Einüben von Lern- und Arbeitstechniken. Dies bedeutet, daß die „Elementargrammatik des Lernens" (*Petersen*

1950) Schülern handlungsorientiert beigebracht werden muß. Denn Lern- und Arbeitstechniken entwickeln sich genauso wie die geistigen Operationen letztlich nur durch die systematische Verinnerlichung äußerer Handlungen (*Galperien* 1967). Werden die Gebote der Anschaulichkeit und Handlungsorientierung beachtet, so kann das folgende Postulat uneingeschränkt gelten: „Ein großer Teil der ‚Arbeitstechniken‘ muß in der Grundschule vermittelt, zumindest grundgelegt werden, um dann für die Arbeit in den weiterführenden Schulen zur Verfügung zu stehen" (*Wenzel* 1980, S. 116). Schließlich soll einem Mißverständnis vorgebeugt werden. Das Lern- und Arbeitsverhalten ist nur eine notwendige, aber keine hinreichende Bedingung für den Lern- und Schulerfolg. Deshalb sollten bei Lern- und Schulschwierigkeiten Ursachenfindung und Problemlösung nicht allein auf diesen Aspekt der Schülerpersönlichkeit zentriert werden, denn das schulische Mißerfolgsgeschehen wird auch von anderen Faktoren wie Begabung, Emotionalität, Konstitution, Schüler-Schüler-Beziehung, Lehrer-Schüler-Beziehung, Schulklima (s. *Rutter* et al. 1980), häusliche Lernumwelt, Erziehungsstil und Familienklima mitbestimmt. In diesem vielfältigen Ursachenmuster hat das Lern- und Arbeitsverhalten jedoch zum einen ein starkes Einflußgewicht und zum anderen eine relativ große Änderungs- und Förderungschance.

2. Förderung der Lernmotivation

„Unter ‚Lernmotivation' soll in einem sehr weitgefaßten Verständnis die Anwendung des Motivationsbegriffs auf den Bereich schulischen Lernens verstanden werden: der Zustand einer Anregung von Motiven im Unterricht oder bei ähnlichen Lehr-Lern-Situationen" (*Meister* 1977, S. 45). Die Lernmotivation bestimmt die Zielrichtung, Intensität und Dynamik schulischen Lernens. Sie ist ein geistig-emotionales Bezugssystem, das den Lernenden aktiviert und steuert. In diesem Bezugssystem befinden sich unterschiedlich ausgeprägte Beweggründe (Neugier, Wettbewerb, Interesse, Anerkennung, Geltung, Meidung, Gesellung, Selbstverwirklichung, Sinnfindung). Deren Wirkweise ist nicht isoliert, sondern netzwerkartig und ihre Wirkung aufs Erleben und Verhalten weniger spezifisch, als vielmehr global.

Die Lernmotivation hat zweifelsohne eine physiologisch-vitale Basis. Darüber erhebt sich jedoch ein Überbau, der im Laufe der Entwicklung durch familiäre, vorschulische und schulische Erziehungseinflüsse entstanden ist. Die Erziehung entscheidet darüber, wie leistungsmotiviert ein Schüler ist, ob er selbständig lernt oder aus welchen Antrieben und Interessen er lernt.

Es gibt inzwischen ein reichhaltiges Inventar pädagogisch-psychologischer Motivationstheorien und Motivförderungsprogramme. Was deren Anwendung in der konkreten Lernförderpraxis betrifft, ist Vorsicht geboten. Wie empirische und praktische Erfahrungen inzwischen zeigen, hängt die Wirkung der Motivförderung weniger „von der Angemessenheit ihrer theoretischen Begründung ab", sondern davon, ob der Lehrer selbst genügend motiviert ist und sich mit dem Förderkonzept identifiziert (*Krug* 1983, S. 342). Aus diesem Grunde beschränken sich die folgenden Handlungsempfehlungen auf solche Motivierungsmittel, die Lehrer in der praktischen Lernförderung akzeptierten und im selben Maße auch realisieren konnten.

2.1 Positive Verstärkung

Positive Verstärkung, in der Lernpsychologie auch als Bekräftigung bezeichnet, entspricht dem, was im Alltag als Belohnung oder Lob bezeichnet wird. Beispiel: „Michael, das war eine gute und kluge Antwort." Folgt auf ein Verhalten eine solch positive Konsequenz, steigt die Wahrscheinlichkeit, daß es künftig wieder gezeigt wird. Verstärkt wird dabei nicht nur das Verhalten selbst, sondern die ihm zugrunde liegende Motivation bzw. Verhaltensbereitschaft.

Es gibt vielerlei Möglichkeiten, Verhalten und Motivation zu verstärken. Wenn ein Schüler für einen besonders gelungenen Hausaufsatz einen Aufkleber geschenkt bekommt, so handelt es sich um eine materielle Verstärkung. Nickt der Lehrer nach einer richtigen Schülerantwort zustimmend, hat er nonverbal verstärkt, mittels seines Körperausdrucks. Würde er mit ein paar freundlichen Worten reagieren, läge eine verbale Verstärkung vor. Wird die Klasse für konzentriertes Mitmachen mit einem Lernspiel belohnt, spricht man von Aktivitätsverstärkung. Alle diese Verhaltenskonsequenzen können für den Schüler Erfolgserlebnisse bedeuten, die Lernenergien mobilisieren und die Lernmotivation stärken. Die eigentliche lernmotivierende Wirkung geht dabei von den Gefühlen (z. B. Freude, Spaß) aus, die der Schüler im Moment der Verstärkung und in derem Gefolge erlebt.

Warum Schüler Schwierigkeiten mit der Lernmotivation haben, kann an mangelnder oder gar fehlender positiver Verstärkung liegen. Die Ursache kann sowohl in der Schule als auch in der Familie liegen. Wo Lernbemühungen und Lernergebnisse nicht genügend verstärkt werden, vermindert sich die Häufigkeit von Verhalten und darüber hinaus auch der Verhaltensantrieb. Ein Schüler, der fürs Mitmachen selten oder gar nicht gelobt wird, wird wohl nicht mehr besonders motiviert sein, sich aktiv am Unterricht zu beteiligen. Und ein Schüler, der für die Erledigung seiner Hausaufgaben bei den Eltern kaum Anerkennung findet, wird sie künftig weniger ordentlich und gründlich erledigen. Je jünger Schüler sind, desto stärker ist ihr Verstärkungs- und Anerkennungsbedürfnis ausgeprägt und je stärker ist deren Lernmotivation von dessen Befriedigung abhängig.

Die positive Verstärkung von Lernverhalten ist zweifelsohne eine wichtige Motivationsstrategie, aber nicht immer wirksam. Wenn dem so wäre, könnten viele Lern- und Erziehungsziele einfach und leicht erreicht werden. Ob eine Verstärkung wirkt, hängt zunächst von der subjektiven Bewertung des Schülers ab. So ist es möglich, daß ein Schüler, der bisher fast nie gelobt wurde, plötzliches und häufiges Verstärken als unnatürlich und unglaubwürdig empfindet. Wird ein anderer Schüler für das Lösen einer leichten Aufgabe gelobt, kann daraus der Verdacht erwachsen, der Lehrer halte ihn für leistungsschwach und unbegabt. Ob ein Verstärker tatsächlich als solcher wirkt, entscheidet sich erst im Kopf des Schülers.

Verstärkungsstrategien können auch scheitern, wenn die begabungsmäßigen Voraussetzungen des Lernens schlecht ausgeprägt sind. In diesem Falle gibt es einfach zu wenig verstärkungswerte Lernergebnisse. Besser wäre bei solchen Schülern ein Schulformwechsel, der begabungsadäquatere Bedingungen schafft und Erfolgserlebnisse wieder möglich macht. Und genausowenig Erfolg wird Verstärkung zeitigen, wenn die Lernrückstände des Schülers so gravierend geworden sind, daß es ebenfalls an zu verstärkenden Gelegenheiten mangelt.

Wer die Verstärkung als Motivierungsmittel einsetzen möchte, muß ein paar wichtige lernpsychologische Aspekte beachten. Erstens sollten Verstärkungen nicht zu routinehaft und ritualisiert gegeben werden. Sie sollten ehrlich und echt gemeint sein. Wenn der Widerspruch zum eigenen Fühlen und Denken zu groß wird, sollte die Verstärkung lieber unterbleiben. Es ist zweitens darauf zu achten, daß altersgemäß verstärkt wird. So wird ein naives Lob ältere Schüler eher erheitern als motivieren. Ebenso wichtig ist, daß dieses Verhalten kontingent, d. h. sofort verstärkt wird. Denn nur dann kommt es zu einer Verknüpfung zwischen der Lernanstrengung und dem Erfolgserlebnis bzw. den positiven emotionalen Konsequenzen. Und nicht zuletzt dürfte auch interessieren, wie häufig verstärkt werden soll. Die Antwort lautet: In der lernmotivationalen Aufbauphase möglichst häufig, in der Stabilisierungs- und Folgephase seltener bzw. in Intervallen. Wird nämlich über einen längeren Zeitraum zu häufig verstärkt, gerät die Lernmotivation des Schülers zu sehr in Außenabhängigkeit. Dies darf nicht Ziel der Lernförderung sein, sondern ein allmählicher Übergang von Fremdverstärkung zu Selbstverstärkung bzw. von extrinsischer zu intrinsischer Motivation. Außerdem hemmt ein Übermaß an positiver Verstärkung auch das Erlernen und Aushalten von Belohnungs- und Bedürfnisaufschub, die ja eine wichtige Voraussetzung für die weitere Ich-Entwicklung sind.

Die Gefahr eines Übermaßes an positiver Verstärkung ist gering. Die pädagogisch-psychologische Forschung gelangt in Erziehungs- und Unterrichtsstudien immer wieder zur Erkenntnis, daß im Elternhaus und in der Schule eher zu selten als zu häufig bekräftigt und verstärkt wird. Wer immer also den Ursachen von Lern- und Motivationsproblemen auf den Grund gehen möchte, sollte deshalb prüfen, ob nicht ein Mißverhältnis von Lob und Tadel vorliegt, und versuchen, dieses durch mehr Lob und Anerkennung abzubauen. Unterstrichen wird die Bedeutung der positiven Verstärkung für den Lern- und Schulerfolg auch in einer der umfangreichsten und differenziertesten Erziehungsstudien, die inzwischen unter dem Namen *Rutter*-Studie berühmt geworden ist (*Rutter* et al. 1980, S. 225):

„Die Schule als soziale Organisation kann auf Sanktionen ganz sicher nicht grundsätzlich verzichten; andererseits scheint das Verhältnis von Strafen und Belohnungen – wenn man die diskutierten Resultate insgesamt betrachtet – an manchen Schulen nicht unbedingt das günstigste zu sein. Eine Form der Anerkennung zu finden, die auch noch für Sekundarschüler – und insbesondere für die älteren Jahrgänge – einen Leistungsanreiz darstellt, ist sicher keine leichte Aufgabe. Wo der Versuch dennoch unternommen wurde, zeigte sich eine eindeutig positive Ergebnistendenz."

2.2 Ermutigung

Wenn es darum geht, Lernmotivation und Lernverhalten schrittweise aufzubauen, ist positive Verstärkung zweifellos die Methode der Wahl. Sobald erkennbare Lernerfolge vorhanden sind, erhält der Schüler Lob, Belohnung oder Anerkennung. So weit, so gut. Welche Fördermöglichkeiten bieten sich aber an, wenn verstärkenswerte Handlungen fehlen bzw. wenn der Schüler versagt, Mißerfolge hat und in den emotionalen Zustand der Entmutigung gerät? Leicht beantworten läßt sich diese Frage nicht. Denn ein Schüler, der eine Reihe entmutigender Erfahrungen und Erlebnisse hinter sich hat, ist meist resignativ gestimmt und betrachtet sich und das Leben aus dem Blickwinkel depressiver Sichtweisen. Er hat negative Annahmen über sich selbst gebildet, die zusammen das ergeben, was der Individualpsychologe *Adler* als die „private Logik des Kindes" bezeichnet. Ein solches von entmutigenden Autosuggestionen geprägtes Selbstbild entsteht nicht autonom, sondern wird vom Erziehungsumfeld mitgestaltet, und zwar hauptsächlich durch Fremdsuggestionen, wie z. B.:

„Die Versetzung wird bei dir immer weniger wahrscheinlich."
„Ich glaube nicht, daß aus dir je etwas wird."
„Die Mathematik scheinst du wirklich nicht erfunden zu haben."
„Deine Vokabelkenntnisse sind hanebüchen."
„Kommt mal endlich eine Antwort, ist sie meistens falsch."

Solche entmutigenden Äußerungen werden vom Schüler im Lauf der Zeit verinnerlicht, hemmen Lernmotivation und Lernverhalten und wirken im Sinne einer sich selbst erfüllenden Prophezeiung. Sie sind im pädago-

gischen Alltag, so das Ergebnis empirischer Erziehungs- und Unterrichtsstudien (*Tausch/Tausch* 1977, S. 173), immer noch deutlich häufiger anzu-
treffen als Ermutigungen.

Weil an der Fehlentwicklung der Lernmotivation die Entmutigung oft in
mehr oder weniger starkem Maße beteiligt ist, muß die Ermutigung
unbedingt als Motivierungsmittel verwendet werden. *Dreikurs* et al.
(1983, S. 177) hält die Ermutigung für „die häufigste und dringendste
Aufgabe für einen Lehrer".

Ermutigung erfordert vom Erziehenden ein hohes Maß an Einfühlungs-
vermögen und Sensibilität. Sie bedeutet zunächst einmal, daß der Schüler
in der Situation des Versagens Verständnis, Unterstützung und Hilfe
erhält durch ermutigende Äußerungen, wie z. B.:

„Verlier den Mut nicht, die nächste Arbeit wird besser."

„Wie kann ich dir helfen?"

„Die Antwort war zwar nicht richtig, aber ich freue mich, daß du dich
gemeldet hast."

„Es waren schon ein paar grobe Schnitzer drin. Aber ich weiß, du kannst
mehr, als die Note aussagt."

Will man Mißerfolgsschülern wirklich helfen, reicht eine punktuelle
Ermutigung allein nicht aus. Hinzu kommen muß eine kontinuierliche
Aufbauarbeit. Während dieser Phase sollte jeder positive Ansatzpunkt
zum Ermutigen genutzt werden. Darüber hinaus kann der Lehrer Gele-
genheiten schaffen, die dem entmutigten Schüler Erfolge ermöglichen. So
kann er ihm z. B. eine Frage aus einem Lerngebiet stellen, in dem sich der
Schüler auskennt und sicher fühlt. Für „ein entmutigtes Kind ist schon der
kleinste Erfolgsbeweis ein starkes Antriebsmittel, denn es hat selten
Erfolge gehabt und ist überzeugt, daß es nie so weit kommen würde"
(Ebd., S. 80).

Lern- und Leistungsfortschritte, die der entmutigte Schüler in der Aufbauphase zeigt, sollten ganz besonders gewürdigt und anerkannt werden:

„Es freut mich, daß es mit dir aufwärts geht."

„Nur weiter so!"

„Deine Anstrengungen lohnen sich."

„Du machst gute Fortschritte."

„Du wirst von Mal zu Mal besser."

Genauso wie bei der positiven Verstärkung sind auch beim Motivierungsmittel Ermutigung Echtheit und Ehrlichkeit oberstes Gebot. Ermutigun-

gen dürfen nicht mechanisch und ritualisiert geäußert werden. Der Schüler kann dies sehr leicht am Widerspruch zwischen der verbalen Botschaft und dem nonverbalen Ausdruck erkennen. Wenn der Lehrer sagt: „Ich freue mich über deine Leistungsfortschritte", so muß sich dies auch in einer freundlichen Stimme und Mimik widerspiegeln.

Ermutigung ist wie andere Motivierungsmittel kein Patentrezept. Sie ist aber besonders geeignet, das Selbstvertrauen und die Lernmotivation ängstlicher, lernschwieriger Schüler zu fördern. Ermutigung ist eine Kunst, die nicht von heute auf morgen erlernt werden kann. Wer sich dabei schwertut, sollte sie lieber nicht zwanghaft anwenden, sondern andere Motivierungsmittel erproben. Was aber jeder Erziehende zuwege bringen müßte, ist das Bemühen, entmutigende Äußerungen möglichst zu vermeiden. Schon allein dadurch könnten eine Vielzahl an Minderwertigkeitsgefühlen, Motivationsproblemen und Lernhemmungen vermieden werden.

2.3. Erfolgsmotivierung

Oftmals ist nicht mangelnde Begabung, sondern eine resignative, fatalistische Grundhaltung die Ursache für schulischen Mißerfolg. Diese wird in der Pädagogischen Psychologie als Mißerfolgsmotivation bezeichnet (s. *Rheinberg* 1981). Mißerfolgsmotivierte Schüler sind davon überzeugt, daß es ihnen zur Erreichung besserer Leistungen an der dafür notwendigen Begabung fehlt. Dieses negative Selbstkonzept beeinflußt auch die Anstrengungsbereitschaft. Und zwar so, daß Mißerfolgsschüler größere Anstrengungen für das Problemfach nicht mehr als lohnenswert betrachten. „Die Arbeit wird ja doch wieder schlecht ausfallen." Fällt ein Leistungsergebnis mal wider Erwarten besser aus, erklären sie dies mit Zufall oder mit leichterer Aufgabenstellung. Sie fühlen sich dem Mißerfolg und dessen Ursachen so stark ausgeliefert, daß sie die Hoffnung auf Erfolg weitgehend aufgegeben haben.

Eine Mißerfolgsmotivation entsteht nicht allein im Kopf des Schülers, sondern unter Beteiligung von Umwelteinflüssen. Negative Kommentare von Lehrern, Eltern und auch Klassenkameraden spielen in der Entstehungsgeschichte von Mißerfolgsmotivationen eine bedeutsame Rolle:

„Du bist halt ein schlechter Rechner."

„Du hast eine fürchterliche Aussprache."

„Aufsatzschreiben wirst du wohl nie lernen."

„Du begreifst nicht die einfachsten physikalischen Gesetze."

„Du bist zu doof."

„Es hat keinen Sinn, Thomas, Vater und Großvater waren auch Legastheniker."

Wenn ein Schüler solche destruktiven und entmutigenden Kommentare immer wieder zu hören bekommt, verinnerlichen sich diese allmählich und bilden zusammen jenes oben beschriebene negative Selbstkonzept der eigenen Begabung. Was in den Kommentaren und Leistungsbewertungen suggeriert wird, findet im Schüler seine Fortsetzung in Form von Autosuggestionen, die die Lernmotivation im Mißerfolgsfach über kurz oder lang hemmen oder gar zerstören.

„Ich bin halt kein Mathematiker."

„In den Fremdsprachen bin ich eine Niete."

„Mir fehlt einfach die Begabung."

„Gute Aufsätze werde ich nie hinkriegen."

„Ich werd' dies nie kapieren."

Obwohl Mißerfolgsschüler Motivierungsversuchen oft abwehrend bis ablehnend gegenüberstehen, sollten Lehrer und Eltern sich dennoch bemühen, sie zum Erfolg zu motivieren. Der Weg dorthin beginnt damit, daß bei Mißerfolgsschülern nicht vorschnell die Ursache in Fähigkeits- und Begabungsmängeln gesehen wird. Wie die Schulerfolgsforschung ja aufzeigt, ist nur bei einer kleinen Minderheit von Schülern Leistungsversagen hauptsächlich auf Begabungsmängel zurückzuführen (s. *Sander* 1981). Man hüte sich also davor, aufgrund von Noten und Verhaltensbeobachtungen Begabungsdiagnostik zu betreiben. Die Frage des Begabungsmangels und der Begabungsgrenzen sollte entweder von Beratungslehrern oder von Schulpsychologen möglichst objektiv beantwortet und geklärt werden. Eine subjektive „Begabungsdiagnostik" kann für die weitere Leistungs- und Persönlichkeitsentwicklung fatale Folgen haben. Denn die Studien zur Wirksamkeit von Lehrererwartungen (*Rosenthal/Jacobson* 1971) haben gezeigt, daß Schülerleistungen sich sehr rasch dem „Begabungsbild" des Lehrers anpassen können. Diese Erwartungswirkung wird auch Pygmalioneffekt genannt. Es gehört also zur pädagogischen Verantwortung und Ethik, destruktive Leistungskommentare zu vermeiden, die falsche begabungsmäßige Ursachenzuschreibungen beinhalten, im Schüler ein negatives Selbstkonzept entstehen lassen und somit sein Selbstvertrauen und Selbstwertgefühl zerstören. Dies bedeutet nicht, daß schlechte Leistungsergebnisse nicht kritisiert werden dürfen. Nur sollte die Leistungskritik konstruktiv sein. Das heißt, daß nicht nur negativiert wird, sondern auch positive Aspekte hervorgehoben und Ermutigungen gegeben werden:

„Gute Ansätze waren zu erkennen, aber du hast den Lösungsweg leider nicht durchgehalten."

„Man merkt, du hast dich auf die Arbeit vorbereitet und angestrengt, aber alte Lücken haben leider eine bessere Note verhindert."

„Das mit den Ursachen des Dreißigjährigen Krieges war richtig, aber es fehlten wichtige Ereignisse des Kriegsverlaufs."

„Deine Ideen waren ganz interessant. Mach künftig bitte eine Gliederung, bevor du mit der Niederschrift beginnst."

„Ich konnte dir leider keine bessere Note als Fünf geben. Wenn die Fehler mit den unregelmäßigen Verben nicht gewesen wären, hättest du eine Vier bekommen. Wiederhole sie deshalb bitte."

Verstärkt wird die Wirkung des konstruktiven Kommentierens, wenn das Leistungsergebnis nicht nur am Klassendurchschnitt (= soziale Bezugsnorm), sondern auch an der Leistungsentwicklung des einzelnen Schülers (= individuelle Bezugsnorm) gemessen wird. Denn ein Schüler, der bisher in Englisch immer Fünfen und nun eine Vier bis Fünf geschrieben hat, wird seine Versagensgefühle in alter Stärke wiedererleben, wenn er lediglich die Note mitgeteilt bekommt. Würdigt der Lehrer aber die Note als wichtigen Teilerfolg auf dem Weg nach oben, so erscheint sie in einem anderen Licht. Der Schüler kann dies tatsächlich als Erfolg erleben und fühlt sich zu weiteren Anstrengungen motiviert. Zeigen sich solche Teilerfolge, muß dies dem Schüler als Beweis seiner Fähigkeiten und als Lohn seiner Anstrengung vor Augen gehalten werden. Nur dadurch werden die der Mißerfolgsmotivation zugrunde liegenden Fehleinschätzungen und Autosuggestionen abgebaut. Denn die Gefahr ist groß, daß der Schüler entsprechend seinem mißerfolgsorientierten Erklärungsmuster die Leistungsfortschritte durch Zufälle und leichte Aufgabenstellung verursacht sieht. Nur wenn ihm das vermittelt wird, was *de Charms* (1973) als Origin-Gefühl bzw. als Erleben eigener Verursachung bezeichnet, nimmt das fatalistische Mißerfolgsgefühl allmählich ab.

Die Mißerfolgsmotivation kann auch direkt in einem Beratungs-, Gruppen- oder Unterrichtsgespräch bearbeitet werden. Begonnen wird dies mit einer Einzelübung, während der gezielt darüber nachgedacht wird, warum es in einzelnen Fächern zu Mißerfolgen gekommen ist (s. Abb. 1). Die Schüler versetzen sich in die Zeit zurück, als die Mißerfolgsserien

Erinnere Dich an die Zeit, als es in Deinem Mißerfolgsfach/Deinen
Mißerfolgsfächern abwärts ging.
Schreibe auf, welche Gründe damals dabei eine Rolle spielten.

Fach	Gründe für den Mißerfolg

Abb. 1: Übung zur Bearbeitung der Mißerfolgsmotivation

begannen. Gründe, die damals aus eigener Sicht und eigenem Erleben
dafür verantwortlich waren, werden in Stichworten niedergeschrieben.
Anschließend erhalten die Schüler Gelegenheit, was im Klassengespräch
allerdings nur exemplarisch möglich ist, ihre Mißerfolgsgeschichten zu
erzählen. Dies hat nach meinen Erfahrungen bereits einen kathartischen
Effekt. Durch das Erinnern und Besprechen können im Laufe der Miß-
erfolgsgeschichte aufgestaute und unterdrückte Gefühle abreagiert werden. Im weiteren Gesprächsverlauf geht es dann darum, falsche Erklärungsmuster bewußtzumachen, Ermutigungen und konkrete Lernhilfen
zu geben (s. Kap. 3, 4, 5). Auf Schülerseite kann daraus nur dann eine
Änderungsbereitschaft erwachsen, wenn auf Lehrerseite Fehler einge-
standen (z. B. destruktive Leistungskommentierung) und Verhaltensänderungen signalisiert werden. Auf dieser Basis können dann Änderungs-
schritte wie die folgenden geplant werden:

● Im Mißerfolgsfach eine Fehleranalyse durchführen, um die Hauptlük-
  ken festzustellen.

● Unterrichtliche oder individuelle Maßnahmen finden, um diese Lük-
  ken zu schließen.

- Die Lernstrategien nach Fehlern und Mängeln untersuchen.
- Unterrichtliche oder individuelle Vermittlung von Lernstrategien.
- Positive Verstärkung und Ermutigung selbst bei kleinen Teilerfolgen.

Erfolgsmotivierung zeigt natürlich nicht immer den großen Notensprung nach oben. Oft sind die Vorkenntnislücken oder die Lernstrategiedefizite oder die emotionalen Schwierigkeiten zu gravierend, als daß allein auf diesem Weg den Lernschwierigkeiten abgeholfen werden könnte. Aber Lehrer, die die hier beschriebene Erfolgsmotivierung anwandten, berichteten über zwei wichtige Nebeneffekte. Erstens sei die Anstrengungsbereitschaft merkbar angestiegen und zweitens hätten sich die Lehrer-Schüler-Beziehungen positiv geändert. Letzteres ist um so wichtiger, als klar ist, daß Lernmotivation und Lernverhalten langfristig nur in einem positiven emotionalen Klima gefördert werden können.

2.4 Interessenanknüpfung

Das Interesse gehört zu den wichtigsten Beweggründen schulischen Lernens und Handelns. Was den Schüler interessiert, motiviert ihn auch. Interessen versorgen das Lernverhalten mit Energie, lassen den Lernenden am Lernstoff emotional Anteil nehmen und fördern die Umsetzung von Begabungspotentialen in Fähigkeiten. Interessen können eine Erlebnisqualität erreichen, die denen von Trieben und Grundbedürfnissen gleichkommt, obwohl sie nicht mit diesen gleichzusetzen sind. *Rohracher* (1977) bezeichnet Interessen als Kulturtriebe, wodurch zum Ausdruck kommen soll, daß sie sowohl geistige als auch gefühlsmäßige Anteile enthalten.

Ob sich für ein Schulfach ein Interesse entwickelt und in welcher Stärke, hängt auch hier ganz stark von Erziehungs- und Umwelteinflüssen ab. Oder anders ausgedrückt: Der Schüler braucht zur Ausbildung von Interessen Anregungen, Angebote, Anreize und Förderung. *Rubinstein* (1965) hält die Interessenweckung für die „wesentliche erzieherische Aufgabe des Unterrichts" (S. 142). Dies darf allerdings nicht so verstanden werden, als müßten alle Schüler in allen Fächern zu gleich starken Interessen gelangen. Gemeint ist damit vielmehr ein Appell an die Lehrer, sich darum besonders zu bemühen, daß zwischen dem Lerngegenstand und dem Schüler ein notwendiges, lernförderndes Maß geistig-emotionaler Beziehungen entsteht. Mit dem Ziel, Desinteresse und Apathie zu vermeiden.

Dem Desinteresse kann schon dadurch vorgebeugt werden, daß der Lernstoff anregend dargeboten, die adäquate Unterrichtsform ausgewählt und genügend Gelegenheit für Erfolgserlebnisse gewährt wird. Hinzu kommen muß die Interessenanknüpfung als Motivierungsmittel. Darunter versteht man das Anknüpfen an Interessen und Erfahrungen des Schülers, so daß vorhandene Kenntnisse, Gefühle und Motivationen auf den neuen Lernstoff positiv übertragen werden.

Daß in der Regelschule von diesem Prinzip viel zu wenig Gebrauch gemacht wird, ist in den letzten Jahren immer wieder kritisiert worden: „Die traditionelle Vorstellung von Unterricht und Schule-Halten schließt es aus, daß Informationen aus dem Unterricht anders als zufällig zu den konkreten Erfahrungen des einzelnen Schülers in Beziehung geraten und somit für ihn wichtig und bedeutsam werden. So geht der Lehrer von einer phantasierten ‚durchschnittlichen‘ Erfahrungswelt seiner Schüler aus, wenn er – wie didaktisch vorgeschrieben – mit seinen Lernangeboten an die Erfahrungen der Kinder anknüpfen will" (*Speichert* 1980, S. 36).

Das Anknüpfen an die Erfahrungswelt des Schülers findet in vielen Alternativschularten systematisch statt und ist Wesensmerkmal ihrer Erziehungskonzepte. Die Tatsache, daß es dort um die Lernmotivation der Schüler oft besser steht als an den Regelschulen, läßt sich zu einem guten Teil mit der interessenanknüpfenden Lehr- und Lernpraxis erklären. Die Regelschulen haben dies inzwischen erkannt und daraus zu lernen versucht. Dies zeigt sich in Bemühungen, den herkömmlichen Unterricht durch exemplarische und projektorientierte Lehrmethoden zu ergänzen oder zu erweitern. „Projektunterricht sowie exemplarisches Lehren und Lernen sind didaktische Vorgehensweisen, die immer auch an vorgegebene Lebenszusammenhänge der Lernenden und ihre Interessen anzuknüpfen versuchen und/oder durch besonders intensive Gegenstandsbeziehung Interesse zu wecken hoffen" (*Schiefele* 1981, S. 195). Ein Beispiel dafür ist die Einführung des Erweiterten Bildungsangebotes an den Hauptschulen Baden-Württembergs (s. *Auberle/Ohmann* 1983). Nach den bisherigen Erfahrungen hat dieser aus Projekten, Arbeitsgemeinschaften, freien Aktivitäten und zusätzlichen schulischen Veranstaltungen bestehende Bildungsbereich zu wichtigen motivationalen und schulklimatischen Änderungen geführt.

Eine ganz besondere Chance zur Interessenanknüpfung wird auch in einer Veränderung der Hausaufgabenpraxis gesehen. *Derschau* (1979), *Speichert* (1981) und *Feiks/Rothermel* (1981) zeigen an Hand vieler praktischer Beispiele auf, wie Hausaufgaben produktiver und motivierender gestaltet werden können. Und zwar dadurch, daß sie projektähnlicher und handlungsorientierter konzipiert werden und an die Interessen der Schüler anknüpfen:

- Englische Liedertexte lernen und übersetzen.
- Englische Nachrichtensendung hören und notieren.
- Langzeitbeobachtung und -protokollierung des Wachstums von Sonnenblumen unter verschiedenen Umweltbedingungen.
- Sachverhalte in der Lebensumwelt beobachten, quantifizieren und grafisch darstellen (z. B. Rauminhalte von Wohnräumen berechnen).
- Informationsquellen erschließen (zur Planung einer Klassenfahrt Touristikämter anschreiben).
- Fragebogenaktion in der Gemeinde über ein zeitgeschichtliches Thema.
- Zu einem Gesetzgebungsverfahren Material in den Medien sammeln und aufbereiten.

Vor allem wegen des hohen Planungs- und Kontrollaufwandes können Hausaufgaben nicht allein diesem Typus angehören. Was allerdings möglich ist, ist ein Gleichgewicht zwischen einer eher reproduktiv-übenden und einer produktiv-entwickelnden Hausaufgabenpraxis. Welche Motivationswirkung von einer produktiven Hausaufgabenstellung ausgehen kann, kommt im folgenden Schülerbericht zum Ausdruck:

„Es war in der fünften Klasse, wir nahmen in Erdkunde gerade das Klima durch. Als Hausaufgabe mußten wir zwei Wochen lang dreimal täglich (morgens, mittags, abends) immer um die gleiche Zeit die Lufttemperatur messen und in Form einer Kurve notieren. Das hat mir so gut gefallen, weil mich eigentlich alles, was mit der Natur zu tun hat, interessiert. Es gefiel mir sogar so gut, daß ich diese Messungen auch, nachdem die zwei Wochen vergangen waren, noch weiter durchführte. Inzwischen ist das Ganze drei Jahre her, und ich habe daran meine Lust immer noch nicht verloren. (Im Gegenteil. Mein Interesse wurde immer noch größer.) Nun habe ich schon eine richtige Wetterstation, die teilweise aus selbstgebastelten Instrumenten besteht, wie zum Beispiel: Windrichtungs- und Windstärkemesser, Regenmesser" (*Speichert,* 1980, S. 47).

Die Interessenanknüpfung sollte auch in speziellen Lernfördermaßnahmen zur Anwendung gelangen. So kann in einem Lernberatungsgespräch mit dem Schüler zusammen überlegt werden, wie in einem Schulfach die derzeitige Apathie durch Interessenanknüpfung überwindbar wird.

26

Beispiel 1:

Rolf hat kein Interesse an der Chemie, aber an Umweltfragen. Nun nimmt er sich vor, bei der Zeitungslektüre oder beim Radiohören Schadstoffnamen zu notieren und ihre genaue Bedeutung im Chemiebuch oder im Lexikon nachzulesen.

Beispiel 2:

Christine mag Englisch nicht, aber Folkmusik. Sie versucht, Folk-Liedertexte zu lernen und sie ins Deutsche zu übersetzen.

Möglichkeiten der Interessenanknüpfung können auch in der Lerngruppe, im Lernkurs oder im Unterricht besprochen und erprobt werden. Die Schüler machen sich darüber in einem Ideenexperiment (s. Abb. 2) Gedanken und teilen sich diese dann gegenseitig mit. Für die nächsten Wochen probiert dann jeder einmal eine Interessenanknüpfung aus, und zwar in dem Fach, das er am wenigsten mag. Am Ende der Erprobung werden dann die Erfahrungen ausgetauscht und bewertet.

An welche außerschulischen Interessen, Tätigkeiten, Hobbys läßt sich das Lernen in den folgenden Fächern anknüpfen?

Fächer	
Deutsch	
Fremdsprachen	
Mathematik	
Physik	
Chemie	
Biologie	
Geschichte	
Gemeinschaftskunde	
Erdkunde	

Abb. 2: Übung zur Interessenanknüpfung

3. Förderung der Lernbedingungen

Denken, Behalten, Erinnern, Konzentration und Motivation laufen in der Psyche nicht isoliert und autonom ab. Sie sind eingebettet in ein Geflecht äußerer und innerer Bedingungen, die den gesamten Lernprozeß ständig mitbeeinflussen – sowohl hemmend als auch fördernd.

Wenn Schüler schlecht motiviert sind, Gedächtnisprobleme haben oder sich mit dem Konzentrieren schwertun, sollten auch die Lernbedingungen in die Lern- und Unterrichtsdiagnose einbezogen werden. Es ist dann konkret zu fragen und zu prüfen,

- ob die Lernzeit richtig eingeteilt und geplant wird,
- wie lerngerecht die Lernumwelt gestaltet ist,
- wie die Lernmittel beschaffen sind und gehandhabt werden,
- ob physiologische Grundtatsachen beim Lernen beachtet werden,
- ob individuelles Lernen durch gemeinsames Lernen sinnvoll unterstützt wird.

Der Schüler ist den meisten Lernbedingungen nicht machtlos ausgeliefert. Er kann sie so gestalten und korrigieren, daß das Lernverhalten erleichtert und verbessert wird. Die damit einhergehende Streß- und Belastungsminderung bewirkt letzten Endes auch eine wirksamere Ausschöpfung der geistigen Potentiale.

3.1 Planung der Lernzeit

In der Hierarchie der Lernschwierigkeiten steht die Planung der Lernzeit ziemlich weit oben. Dies zeigt unter anderem eine repräsentative Lernverhaltensbefragung, die der Autor bei N = 230 Schülern der Sekundarstufe I durchgeführt hat. Nur 11% konnten von sich behaupten, die Lernzeit so einzuteilen, daß sie vor Klassenarbeiten nicht in Zeitdruck geraten. Dasselbe Bild ergibt sich auch in der schulpsychologischen Arbeit mit lernschwierigen Schülern. Und die Bedeutung der Zeitplanung wird auch offensichtlich, wenn Schüler, die an Lernförderprogrammen teilnahmen, später danach gefragt werden, was ihnen bei der Überwindung von Lern- und Arbeitsschwierigkeiten am meisten geholfen hat. Bei drei Erfolgskontrollen des Autors (s. Kapitel 8) stand die kurz-, mittel- und langfristige Zeitplanung zweimal an erster und einmal an zweiter Stelle.

Sinn und Zweck der Zeitplanung ist ein vernünftiges Haushalten mit der menschlichen Lebens- und Lernenergie. „Alles, was für uns wichtig ist, uns aber nur in beschränktem Ausmaß zur Verfügung steht, muß eingeteilt werden, damit wir uns nicht plötzlich in der unangenehmen Lage befinden, alles aufgebraucht zu haben, wenn wir noch dringend mehr davon benötigen" (*Naef* 1983, S. 124). Fehlende oder falsche Zeitplanung führt unweigerlich zu Zeitstreß. Dieser entsteht beispielsweise, wenn Schüler Lernstoff bis kurz vor Klassenarbeiten auf die lange Bank schieben oder wenn Lehrer Schüler mit Lernstoff überhäufen und überfordern. Massiertes Lernen und Lehren hat eine seelisch-körperliche Überbeanspruchung zur Folge, einen Streßzustand, der den Adrenalin- und Noradrenalinspiegel enorm ansteigen läßt, der wiederum den Informationsfluß zwischen den Neuronen des Großhirns stört. Konkret tritt dies in Gestalt von Gedächtnisblockaden zutage, was aus der folgenden Abbildung klar hervorgeht.

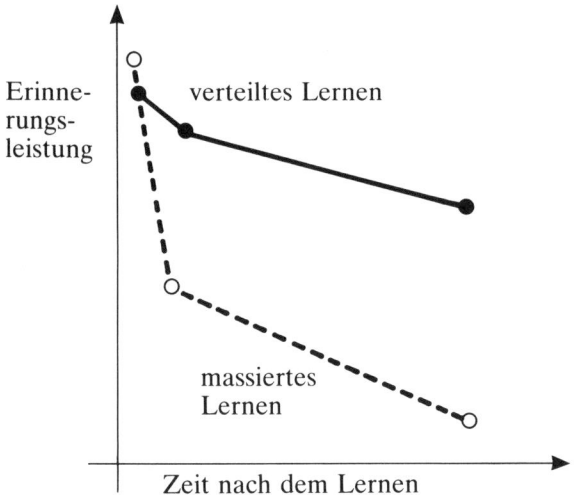

Abb. 3: Verteiltes und massiertes Lernen (nach Angermeier 1976, S. 7)

Eine Alternative zum planlosen, massierten Lernen ist das strukturierte, verteilte Lernen. Erste Schritte dorthin hängen vom Vorbildverhalten des Lehrers ab. Wer den Unterrichtsablauf eher dem Zufall überläßt, Klassenarbeiten nicht gleichmäßig übers Schuljahr verteilt, sie nicht rechtzeitig zurückgibt und durch ständige Unpünktlichkeiten auffällt, darf sich nicht wundern, wenn Schüler Schwierigkeiten mit der Planung und Strukturierung der Zeit haben. Der Lehrer muß sich darüber im klaren sein, daß sein Verhalten als „normatives Modell" wirkt (*Rutter* et al. 1980, S. 222). Es wird von den Schülern genau und sensibel wahrgenommen und auf dem Weg der Imitation oft auch übernommen. Daraus folgt nun nicht, daß der Unterricht wie in Seminarübungen penibel geplant und „übervorbereitet" wird. Aber es kann eine Unterrichtsvorbereitung erwartet werden, die den Unterrichtsablauf nicht als eine Abfolge von Zufälligkeiten erscheinen läßt.

Ein geeignetes Mittel, dem Schüler die Zeit- und Inhaltsstruktur einer Unterrichtsstunde sichtbar zu machen, ist der informierende Unterrichtseinstieg (*Grell* 1979, S. 153):

„Für den Unterricht heißt das: Versuchen Sie nicht, nach einer prunkvollen Motivierungsidee zu suchen, die die Schüler zum Lernen verführt, sondern nehmen Sie die Schüler als vernünftige Wesen ernst und sagen Sie Ihnen am Stundenbeginn so einfach und so klar und so interessant, wie Sie es nur formulieren können, was in der Stunde passieren soll und warum. Erzählen Sie den Schülern alles, wenigstens alles Wichtige, über den Plan der kommenden Stunde, den Sie in Ihrem Kopf haben. Schreiben Sie die wichtigsten Punkte an die Tafel, auf eine Folie oder auf das Arbeitspapier, damit die Schüler eine Übersicht über Ihren Plan bekommen und dort immer wieder ‚nachschlagen' können."

Eine wichtige Zwischenetappe auf dem Weg von der äußeren zur inneren Zeitstrukturierung ist ein großformatiges Terminposter an der Wand des Klassenzimmers. Dieses wird am Schuljahresbeginn als Gemeinschaftsarbeit angefertigt. Darin wird alles eingetragen, was für die Klasse von Belang ist: Geburtstage, Schulausflüge, Klassenfeste, Wettspiele und natürlich auch Klassenarbeiten. Ein solcher Klassenkalender vermittelt sichtbar und merkbar die Zeitstruktur eines Schuljahres, und er widerspiegelt auch das Klassenleben.

Der Klassenkalender dient als Modell für die individuelle Zeitplanung. Jeder Schüler soll die wichtigsten Termine in seinen eigenen Terminkalender übertragen. Am besten eignet sich hierzu, so unsere bisherigen Lernfördererfahrungen, ein Planer, der den gleichzeitigen Eintrag von Terminen *und* Hausaufgaben erlaubt. Damit wird die Zeitplanung konkret, übersichtlich und ganzheitlich. Die Schüler sollten ans Eintragen immer mal wieder erinnert werden. Denn nach meiner oben genannten Lernverhaltensbefragung tut dies nur knapp die Hälfte der Schüler regelmäßig. Das Eintragen selbst wird aus Schülersicht dadurch erleichtert, daß Lehrer Termine und Aufgaben rechtzeitig vor dem Ende der Unterrichtsstunde bekanntgeben!

Und jetzt noch ein paar Tips, die Schülern bei der individuellen Zeitplanung nützlich sein können:

- Beim Hausaufgabenmachen im Zeitplaner das Erledigte durchstreichen oder abhaken. Dies fördert die schrittweise, selbstverstärkende Zielerreichung.
- Immer mal wieder nachschauen, ob Klassenarbeiten bevorstehen. Rechtzeitig mit deren Vorbereitung beginnen.
- Tage, an denen eine Klassenarbeit vorbereitet wird, im Kalender schriftlich vermerken. Beispiel: Mathe (V) = Mathematikarbeit vorbereiten.
- Auch Freizeittermine eintragen, damit Freizeit und Schule besser aufeinander abgestimmt werden können und somit beide Bereiche nicht so häufig miteinander in Konflikt geraten.
- Wichtige Termine mit dem Leuchtmarker kennzeichnen oder in Großbuchstaben schreiben, damit man sie nicht übersieht und man sich frühzeitig darauf einstellen kann.

Wer Schülern die Notwendigkeit der Zeitplanung nahebringen möchte, sollte dies am Beispiel einer bevorstehenden Klassenarbeit konkret besprechen und einüben. Man teilt also nicht nur den Arbeitstermin und das Stoffgebiet mit, sondern läßt die Klasse einen Vorbereitungsplan erarbeiten. Das Stoffgebiet wird in Einzelportionen aufgeteilt, die ein paar „Vorbereitungstagen" zugeordnet werden. Wichtig der Hinweis an die Schüler, den letzten Tag für die Wiederholung zu reservieren! Schließlich sollten nochmals die Vorteile des schrittweisen, verteilten Lernens hervorgehoben werden:

- mehr Freizeit kurz vor der Klassenarbeit,
- weniger Angst und Streß,
- mehr Zeit für die Gesamtwiederholung,
- bessere Gedächtnis- und Konzentrationsleistung.

Die Änderung der individuellen Zeitplanung kann anfangs durch die Tagesprotokollmethode (s. Abb. 4) unterstützt werden. Im Sinne einer gezielten Selbstbeobachtung schreiben die Schüler etwa 3–4 Wochen lang auf, was sie täglich von wann bis wann für die Schule und in der Freizeit tun. Am Ende dieses Zeitraumes wird dann Bilanz gezogen. Es wird ausgewertet, wieviel Zeit für welche Tätigkeiten bzw. Fächer aufgewen-

10. 4.	$15^{00}-15^{30}$	*Mathe - Aufgaben*
	$15^{35}-16^{00}$	*Englisch - Wörter*
11. 4.	$14^{50}-15^{20}$	*Geschichte: Karl d. Gr.*

Abb. 4: Tagesprotokollmethode (aus Keller, G.: Lernen will gelernt sein – Ein Lerntraining für Schüler. Heidelberg: Quelle & Meyer 1984)

det worden ist. Auf diese Weise lernen Schüler ihren eigenen Umgang mit der Zeit besser kennen. Die Zeitstatistik kann für die zukünftige Zeitplanung sehr nützlich sein. So kann sich der Schüler beispielsweise vornehmen, für ein Fach, das unverhältnismäßig zu kurz kam, mehr Zeit und Mühe zu verwenden.

Wer mit den Schülern die individuelle Zeitplanung zu besprechen und zu ändern sucht, sollte dies nicht nur im Hinblick auf Hausaufgaben, Klassenarbeiten und Referate tun. Es gibt im Schulalltag genügend viele andere Situationen und Aufgaben, bei deren Bewältigung sich Zeitplanung und schrittweise Zielerreichung als förderlich erweisen. So zum Beispiel, wenn es darum geht, einen Schullandheimaufenthalt vorzubereiten, eine Fragebogenaktion durchzuführen oder einen Schulgarten anzulegen. Dadurch kann Zeitplanung als Hilfe zur Lern- und Lebensbewältigung begriffen und vermittelt werden. Sie degeneriert dann nicht zum Selbstzweck oder Zwangsritual, sondern erhält ihren Sinn als Strukturierung und Erleichterung künftigen Tuns.

3.2 Gestaltung der Lernumwelt

Gegebenheiten der Lernumwelt beeinflussen Lernbereitschaft und Lernleistung. Gute Umweltbedingungen fördern die psychologischen Grundfunktionen des Lernens. Schlechte Umweltbedingungen rufen Streßreaktionen hervor und beeinträchtigen das emotionale Befinden. Obwohl sich manche Umweltbedingungen (z. B. Verkehrslärm) nicht ohne weiteres verändern lassen, gibt es in der engeren Lernumwelt genügend Ansatz-

33

punkte, diese den physischen und psychischen Bedürfnissen des Lernenden besser anzupassen.

Bevor Tips zur Gestaltung der häuslichen, individuellen Lernumwelt gegeben werden, soll zunächst überlegt werden, was in der Schule bzw. im Klassenzimmer gefördert werden kann. Genauso wie die Zeitplanung sollte dies am besten zum Schuljahresbeginn in Form einer Gemeinschaftsarbeit angepackt werden. Thema: Wie können wir das Klassenzimmer so gestalten, daß wir uns darin wohlfühlen? Es werden erst einmal Ideen gesammelt, die anschließend auf ihre Umsetzbarkeit hin bewertet werden. Zu guter Letzt erfolgt dann die konkrete Umgestaltung des Klassenzimmers. Mögliche Maßnahmen könnten folgendergestalt sein:

● An den Wänden werden der Klassenkalender (s. Planung der Lernzeit) und Bilder angebracht,

● es werden Zimmerpflanzen mitgebracht; gleichzeitig wird deren Pflege organisiert,

● es werden Lernecken mit Lernhilfematerialien und Nachschlagewerken eingerichtet,

● die frustrierende Wandfarbe Grau wird durch ein ermunterndes Gelb ersetzt,

● ein Teil der Wand wird mit einer Korktapete beklebt, um dort selbstgemachte Lernposters und Infos befestigen zu können,

● es wird ein Klassenportrait hergestellt, das aus Portraitaufnahmen aller Klassenmitglieder mit kurzen biographischen Angaben besteht.

Diese Gestaltungsvorschläge ließen sich beliebig fortsetzen. Es kommt aber nicht auf die Vielzahl an, sondern darauf, daß die Schüler für die Einflüsse ihrer Lernumwelt sensibilisiert werden, und sich diesen nicht schicksalhaft ausgeliefert fühlen, sondern sie aktiv und gemeinschaftlich umgestalten lernen. Entsteht eine selbstgestaltete Lernumwelt, wird sie nach unseren Erfahrungen von den Schülern auch weitaus positiver und pfleglicher behandelt. Es kommt zu weniger Sachzerstörungen und das Klassenklima ist deutlich angenehmer und friedlicher. Ähnliche Beobachtungen sind auch in der Schulvergleichsstudie von *Rutter* et al. (1980, S. 229) nachzulesen:

„Gepflegte und saubere, mit Bildern und Pflanzen ausgeschmückte und mit regelmäßig instandgesetztem Mobiliar ausgestattete Klassenräume stellten einen äußeren Rahmen dar, in dem die Schüler weit eher bereit schienen, auf ihre Umgebung Rücksicht zu nehmen und sich angemessen zu verhalten."

Wenn es um die Veränderung einzelner Umwelteinflüsse geht, sollte das Thema Lärm zuerst behandelt werden. Der Lärm gehört nach *Vester* (1978b) zu den gravierendsten Streßfaktoren unserer Zeit. Jenseits der physikalischen Grenze von 50 Dezibel* beginnt Lärm die geistige Leistungsfähigkeit nachhaltig zu beeinträchtigen. Werden geistige Tätigkeiten kontinuierlich von Radiomusik, lautem Sprechen anderer Personen oder dem Lärm eines Küchengerätes begleitet, kommt es im Verlauf der Lernzeit immer häufiger zu Denk-, Gedächtnis- und Konzentrationsstörungen.

„Das Bedenkliche am Lärm ist, daß es wahrscheinlich keine echte Gewöhnung gibt. Kein Mensch kann sich dem Lärmstreß wirklich entziehen, auch wenn er äußerlich noch so ruhig erscheint und sich selbst noch so unempfindlich wähnt, wie etwa ein knatternder Motorradfahrer. Sowohl unser Ohr als auch unser Nervensystem sind so gebaut, daß sie eine akustische Belastung nur innerhalb bestimmter Grenzen ohne Schaden ertragen können" (Ebd., S. 161).

Obwohl in meiner Lernverhaltensbefragung 91% der Sekundarstufe-I-Schüler eine leise Umgebung beim Lernen forderten, gaben immerhin 54% zu, regelmäßig bis zeitweise bei Radiomusik zu lernen. Dies heißt nun nicht, daß bei all diesen Schülern das Merk- und Konzentrationsverhalten blockiert wird. Erstreckt sich das Radiohören beispielsweise auf monotone Lernphasen (z. B. Kolorieren einer Landkarte), wird eine Lernblockade unwahrscheinlich sein. Wird jedoch das problemlösende Lernen und Denken von einer lauten musikalischen Geräuschkulisse begleitet (z. B. beim Lösen einer Textaufgabe), sind Denk-, Merk- und Konzentrationsstörungen mit hoher Wahrscheinlichkeit die Folge. Zwar nicht bei einer sehr kleinen Minderheit von Lärmresistenten, aber bei einem Großteil der Lernenden.

Wenn über negative akustische Einflüsse beim Lernen gesprochen wird, taucht häufig die aus musikalischen Elementen bestehende Superlearning-Methode als Gegenargument auf. Dabei wird aber oft nicht berücksichtigt, daß das vom Bulgaren *Lozanov* begründete Superlearning nur eine ganz bestimmte Art von Musik enthält, nämlich Largo-Sätze der Barockmusik von Bach, Corelli, Händel, Telemann oder Vivaldi (s. *Schuster/ Gritton* 1986).

Und nur diese Musikart löst in Kombination mit Entspannungsverfahren

---

* unter 30 Dezibel = sehr ruhig; 30–40 Dezibel = ruhig; 40–50 Dezibel = ziemlich ruhig; 50–60 Dezibel = mittelmäßig ruhig–laut; 60–70 Dezibel = ziemlich laut; über 70 Dezibel = sehr laut

die lernhemmenden Anspannungen, Verkrampfungen und Blockaden. Superlearning, das übrigens hauptsächlich beim Fakten- und Fremdsprachenlernen wirkt, kann also nicht als Argument für das Radiohören beim Lernen benutzt werden. Man sollte sich an den bereits genannten, empirisch ermittelten Richtwert der Arbeitspsychologie halten, nach dem bei geistigen Tätigkeiten der Geräuschpegel 50 Dezibel nicht überschreiten sollte (*Schmale* 1977, S. 499).

Die lernhemmende Wirkung von Lärm kann den Schülern anhand eines Experiments veranschaulicht bzw. verdeutlicht werden. Dieses kann man mit der ganzen Klasse durchführen:

Die Schüler lernen zuerst bei lauter Radiomusik (Lautstärke mit dem Phonmesser ermitteln) und dann ohne diese Geräuschkulisse eine gleich lange und gleich schwierige Vokabelreihe. Hinterher erfolgt jedesmal ein schriftlicher Vokabeltest. Abschließend wird ermittelt, bei welcher Umweltbedingung die Testergebnisse besser aussehen. Dasselbe Experiment läßt sich auch mit mathematischen Textaufgaben durchführen.

Das Lernen kann auch durch einen überladenen, chaotischen Arbeitsplatz beeinträchtigt werden, und zwar vor allem die Konzentration. Je mehr Dinge, die mit dem momentanen Lernstoff nichts zu tun haben, sich auf der Schreibfläche befinden, desto mehr wird die Aufmerksamkeit belastet. In der Lernverhaltensbefragung gaben 53% derartige Schwierigkeiten an. Diesen kann nur wirksam abgeholfen werden, wenn stoffremde Sachen weggeräumt werden. Mit Ausnahme der ständig benötigten Routinemittel (Schreibwerkzeug, Radierer, Lineal, Wörterbuch etc.), die möglichst im Griffbereich liegen sollten.

Auch auf die Beschaffenheit von Schreibtisch und Stuhl sollte geachtet werden. Die Tischfläche sollte mindestens 1,00 × 0,60 m betragen, um auch die Routinemittel lagern zu können. Der Richtwert für die Tischhöhe liegt zwischen 0,7 und 0,8 m. Der Stuhl sollte in der Höhe verstellbar und weder zu hart noch zu weich sein.

Die Lichtverhältnisse können beim Lernen ebenfalls störend wirken. Das Tageslicht sollte von vorn oder von links (beim Rechtshänder) einfallen, weil der Schüler ansonsten selbst im Schatten sitzt. Die Schreibtischlampe muß aus diesem Grund beim Rechtshänder links, beim Linkshänder rechts angebracht sein. Die Raumbeleuchtung darf insgesamt nicht zu stark und nicht zu schwach sein. Unterbeleuchtung macht müde und senkt die Stimmung. Überbeleuchtung macht reizbar und stört die Konzentration. Kein Wunder, wenn in fensterlosen, mit über 1000 Lux beleuchteten Schulgebäuden die Schüler besonders hyperaktiv und aggressiv sind!

Nicht zuletzt sollte auch dafür gesorgt werden, daß die Raumtemperatur zwischen 18–20 Grad liegt, genügend Luftfeuchtigkeit vorhanden ist und durch regelmäßiges, kurzes Lüften in ausreichendem Maße frischer Sauerstoff zugeführt wird. Letzteres ist für das geistige Arbeiten besonders wichtig. Das Gehirn ist das Organ mit dem höchsten Sauerstoffverbrauch! Instruktionen zur individuellen Arbeitsplatzgestaltung können durch folgende Übung (s. Abb. 5) unterstützt werden. Im Klassenzimmer wird ein Arbeitsplatz dargeboten, an dessen Aufbau vieles auszusetzen ist. So ist zum Beispiel der Stuhl zu hoch oder die Schreibtischlampe falsch angebracht. Die Schüler müssen diesen nun lernfördernd umgestalten. Eine weitere Übung könnte darin bestehen, die Schüler den Grundriß eines lernfördernd eingerichteten Arbeitszimmers anfertigen zu lassen.

Wenn mit Schülern oder Eltern die Gestaltung der häuslichen Lernumwelt besprochen wird, müssen die lern- und arbeitspsychologischen

Da kann noch einiges verbessert werden!

1. _____

2. _____

3. _____

4. _____

Abb. 5: Übung zur Arbeitsplatzgestaltung (aus ARBEITSBOGEN 2 der S3 Schulfernsehreihe „Gut geplant ist halb gelernt")

Gestaltungsvorschläge natürlich relativiert werden, und zwar je nach sozialer und wohnlicher Situation der betreffenden Familie. Wie aus einer von *Boßmann* (1979, S. 48) berichteten Erhebung des Bundesministeriums für Raumordnung, Bauwesen und Städteordnung hervorgeht, verfügt nur ein Fünftel der Hauptschüler über einen eigenen Schreibtisch. In solchen Fällen können individuelle Förderempfehlungen nur sehr bescheiden gegeben werden. Etwa dergestalt, an einem festen, relativ ruhigen Standort zu festen Zeiten zu lernen. So fand *Kühn* (1983, S. 192) in einer Schulerfolgsstudie heraus, daß bei Mißerfolgsschülern die Minimalbedingung des festen Arbeitsplatzes signifikant häufiger fehlt.

3.3 Umgang mit den Lernmitteln

Das Lernverhalten kann auch daran kranken, daß Schüler bei unterrichtlichen und häuslichen Lernaufgaben Schwierigkeiten haben, mit den entsprechenden Lernmitteln umzugehen. Beherrscht ein Schüler solche Grundfertigkeiten nicht, kann schwerlich ein eigenständiges Lernverhalten entstehen. Der Reformpädagoge *Petersen* (1934, S. 8) bezeichnet diese als die Werkgrammatik des Lernens und als die Grundvoraussetzung für die Selbsttätigkeit des Schülers. Wenn sich Schüler damit schwer tun, so hat fehlende oder mangelnde unterrichtliche Förderung ein gut Teil Schuld daran. Zu sehr wird oft schon in der Grundschule darauf gehofft, der Schüler finde den richtigen Umgang mit den Lernmitteln selbst oder bekomme ihn im Elternhaus gezeigt. Zu wenig wird der richtige Umgang geübt. Mißachtet wird dabei die Erkenntnis, daß gerade Fertigkeiten sich nicht autonom entwickeln, sondern einer gründlichen, im praktischen Vollzug ablaufenden Einschulung bedürfen. Bei einem Großteil der Schüler ist methodische Ungeschicktheit nicht endogen, sondern paidogen bedingt. Daß der Schüler mit den Lern- und Arbeitsmitteln umgehen lernt, wird in Alternativschulen, wie z. B. den Freinet-Schulen, übrigens viel stärker gefördert als in den Regelschulen (s. *Freinet* 1980).

An dieser Stelle soll keine Lernzielbestimmung des Umgangs mit Lernmitteln geleistet werden. Worauf es im jeweiligen Unterrichtsfach oder fachübergreifend ankommt, müßte eigentlich als pädagogisches Grundwissen vorausgesetzt werden. Dennoch sollten ein paar Fertigkeitslücken genannt werden, die in der Lerndiagnostik immer wieder zum Vorschein kommen:

- Benutzung von Nachschlagewerken (Lexika, Duden, Wörterbücher),
- Umgang mit dem Inhaltsverzeichnis und Sachregister eines Buches,
- sinnvoller und maßvoller Gebrauch einer Lernkartei,
- Anlegen von Ordnern und Ringbüchern,
- Lesen von Tabellen und Diagrammen,
- Benutzung von Formelsammlungen,
- Umgang mit Konstruktions- und Zeichengeräten,
- Umgang mit Landkarten und Atlanten.

Die Nachschulung solcher Fertigkeiten ist rascher und leichter zu bewältigen als das Schließen von Wissenslücken. Und erleichtert und verbessert nicht selten das fachbezogene Lernverhalten. Sei es, daß durch die Verwendung einer Lernkartei das Vokabellernen besser klappt. Sei es, daß durch den systematischen Gebrauch des Lexikons sich das Verstehen naturwissenschaftlicher Fachbegriffe bessert.

Zu überlegen, wie Schülern der Umgang mit Lernmitteln vermittelt werden kann, sollte eigentlich Bestandteil der Unterrichtsplanung sein. Und wenn im Rahmen einer Unterrichtsdiagnose die Lernvoraussetzungen der Schüler analysiert werden, sollte auch die sogenannte Werkgrammatik überprüft werden. Sind diesbezüglich Lücken festzustellen, sollten eine Zeitlang in kleinen, verteilten Unterrichtsphasen die betreffenden Fertigkeiten (z. B. Lesen von Diagrammen) gezielt nachgeübt werden. Die „benötigte Zeit wird dadurch vielfältig wettgemacht, daß mit ihrer Hilfe intensiver und schneller gearbeitet werden kann" (*Potthoff* 1981, S. 102).

Wenn vom Umgang des Schülers mit Lernmitteln die Rede ist, sollte auch darüber nachgedacht werden, wie förderlich oder hemmend sich sein Handwerkszeug auf den Lernprozeß auswirkt. Verfügt er über eine Minimalausstattung? Geht er einigermaßen pfleglich damit um? Es geht hier nicht um die Anerziehung von Pingeligkeit und das Einüben von Zwangsritualen. Doch im Sprichwort „Gut Handwerk ist die halbe Arbeit" steckt ein wahrer Kern. Und dieser sollte in die Förderung des Lernens einbezogen werden. An Waldorfschulen ist dies übrigens wesentlich häufiger der Fall als an Regelschulen. Vielleicht hängt dies mit dem Mißverständnis zusammen, „daß Ordnung und Sauberkeit bloße Unterdrückungsmechanismen seien, welche die Freude am Lernen verderben und die Selbständigkeit des Schülers unterbinden. Wie so oft bei geistigen Strömungen zu beobachten, löste ein Extrem das andere ab: ‚Ordnung über alles' wurde verkehrt in ‚Es geht auch ohne Ordnung'" (*Kohl/Kohl* 1980, S. 96).

Wenn Schüler vor einer Mathearbeit den Zustand der Konstruktionsgeräte überprüfen, ist dies kein ritualistischer Selbstzweck. Denn der Ärger, der wegen eines nicht funktionierenden Zirkels entsteht, kann erhebliche Denk- und Gedächtnisblockaden erzeugen. Bei den Hausaufgaben sich immer wieder auf die Suche nach dem Lineal und der Schere begeben zu müssen, kann einiges an Lernenergie und Lernzeit kosten. Deshalb ist ein Mindestmaß an Struktur und Ordnung eine ernstzunehmende Lernvoraussetzung.

Zur „Lernordnung" zählt auch der Umgang mit Arbeitsblättern, Mitschriften und Aufschrieben. Sie liegen oft ohne System in der Schultasche, auf dem Schreibtisch oder anderswo herum. Werden sie bei der Klassenarbeitsvorbereitung benötigt, wird auch da wiederum viel Lernenergie und Lernzeit für die Suche vergeudet. Lose Blätter sollten deshalb rasch in nach Fächern eingeteilten Ringbüchern oder Ordnern abgeheftet werden. Wer mit festgebundenen Heften arbeitet, sollte Arbeitsblätter darin einkleben (Deshalb DIN A 4-Hefte verwenden!). Im übrigen kann das Loseblatt-Chaos auch dadurch überwunden werden, daß im Unterricht wieder mehr mit Tafelanschrieben und weniger mit Arbeitsblättern gelehrt wird!

Und jetzt noch ein paar Tips zur Gestaltung von Mitschriften und zur Heftführung:

● Mit einer Überschrift beginnen (Fach, Thema, Datum).
● So schreiben und zeichnen, daß man dies selbst zumindest lesen und entziffern kann.
● Einen breiteren Rand für Anmerkungen und Ergänzungen lassen.
● Unterrichtsmitschriften am selben Tag nochmals durchlesen (Wichtiges unterstreichen oder die wichtigsten Stichwörter in einem Merkkasten zusammenfassen).

Tips alleine bewirken allerdings noch keine Verhaltensänderung. Man kommt nicht umhin, sich um das Heftführen und Mitschreiben etwas gründlicher zu kümmern. Konkret bedeutet dies, Hefte und Ringbücher genauer anzuschauen und ihre Gestaltung zu überprüfen. Daraus sollten sowohl positive Verstärkungen als auch Verbesserungsvorschläge resultieren.

In den Umgang mit Lernmitteln fließen natürlich auch Vorbildwirkungen des Lehrers ein. Wie pfleglich er mit Büchern und Geräten umgeht und wie strukturiert und leserlich er den Tafelanschrieb anfertigt, kommt im Verhaltensrepertoire des Schülers wieder zum Vorschein. Deshalb ist hier vor lernfördernden Handlungsanleitungen eine Selbstreflexion besonders vonnöten!

Beim Thema „Lernmittel" empfiehlt es sich auch zu überlegen, wie Kosten gespart werden können. So läßt sich eine Zigarrenkiste zu einem Lernkarteikasten umfunktionieren. Die leeren Rückseiten von Werbematerial können als Konzept- oder Schmierpapier benutzt werden. Das Marmeladeglas eignet sich sehr gut als Köcher für Schreibgeräte.Die Styroporplatte läßt sich als Pinnwand verwenden. Dies ist praktisches Recycling und fördert das Umweltbewußtsein.

3.4 Naturgemäßes Lernen

Der Lernerfolg wird nicht nur von psychologischen und ökologischen Bedingungen beeinflußt, sondern auch von den Körperfunktionen und Körperrhythmen. Deren Störung, Fehlsteuerung und Nichtbeachtung kann Lernschwierigkeiten in mehr oder weniger starkem Maße verursachen. Zu den wichtigsten physiologischen Voraussetzungen des Lernens gehören eine gesunde Ernährung, ausreichender Schlaf, genügend körperlicher Ausgleich sowie die Beachtung der tagesrhythmischen Leistungsschwankungen.

Ziel einer Lernphysiologie ist, das Lernen besser auf die Gesetzmäßigkeiten und Rhythmen der inneren Natur des Menschen abzustimmen. Werden in die Planung und Strategie des Lernens physiologische Grundkenntnisse einbezogen, kann von naturgemäßem Lernen gesprochen werden.

Gesunde Ernährung

Die physiologische Grundlage des Lernens hängt ganz stark von einer qualitativ und quantitativ ausgeglichenen Ernährung ab. Unter den Ernährungsfehlern steht bei Schülern westlicher Industrieländer die Überernährung an erster Stelle. Nach ernährungswissenschaftlichen Schätzungen trifft dies auf 25–30% der Schüler zu. Übergewichtigkeit hat mehrere negative Konsequenzen fürs Lernen. Sie steigert erstens die Krankheitsanfälligkeit, was wiederum zu erhöhten Fehlzeiten und Stoffrückständen führt. Zweitens sind übergewichtige Schüler oft Zielscheibe von Aggressionen und nehmen häufiger Außenseiterpositionen ein, was lernhemmende emotionale Störungen hervorrufen kann. Und darüber hinaus erzeugt sie oft eine Antriebsschwäche und Apathie, die ihrerseits sowohl die Lernmotivation als auch die Konzentration blockieren können. Übergewichtigkeit ist beizukommen durch kalorienärmere Kost, mehr körperliche Betätigung, Zuteilung kleinerer Portionen sowie durch die Aufgabe der Unsitte, grundsätzlich alles immer aufessen zu müssen. Ebenso gefährlich wie Überernährung ist einseitige Ernährung. So kann z. B. eine Überbetonung von Rohkost einen Mangel an hochwertigem Eiweiß und Calcium hervorrufen. Ein Zuviel an Fleisch, Eier, Milch und Butter kann Muskelschwäche, erhöhte Infektionsanfälligkeit und allgemeine Leistungsschwäche zur Folge haben. Kohlenhydrate im Übermaß bewirken Mangel an hochwertigem Eiweiß, Mineralien, Spurenelementen und Vitaminen. Dies kann folgenreich sein, wenn man bedenkt, daß für die biochemischen Prozesse im Langzeitgedächtnis ständig hochwertiges Eiweiß benötigt wird oder für die neurochemischen Prozesse im Informationsapparat des Zentralnervensystems ständig Mineralien wie Natrium oder Kalium gebraucht werden. Aus diesem Grunde sind Schüler wie auch alle anderen geistigen Arbeiter auf eine abwechslungsreiche und vollwertige Mischkost angewiesen.

Was die einzelnen Mahlzeiten betrifft, so gilt die Faustregel, daß vom täglichen Nährstoffbedarf jeweils ein Drittel morgens, mittags und abends gedeckt werden soll. Für Schüler sind das erste und zweite Frühstück von besonderer Wichtigkeit, da vormittags am meisten Leistung gefordert wird. Holländische Untersuchungen haben einen deutlichen Zusammenhang zwischen der Vollwertigkeit des Frühstücks und der Qualität des schulischen Leistungsverhaltens ergeben.

Das erste Frühstück sollte den Körper besonders reichlich mit Eiweißen, Vitaminen und Mineralstoffen versorgen und ohne Hast und Hetze eingenommen werden. Seine Zusammensetzung (s. *Ernährungsinfo* – Frühstück) sollte in etwa so aussehen:

● Tierisches Eiweiß aus Milch oder Milchprodukten
  (Käse, Joghurt, Quark)
  Ei oder
  Wurst bzw. Schinken
● Pflanzliches Eiweiß aus
  Vollkornbrot oder Haferflocken
● Vitamine, Mineralstoffe aus Milch, Milchprodukten oder
  Ei und Vollkornprodukten und Obst oder Rohkost.

Das zweite Frühstück bzw. Pausenbrot ist notwendig, da während des Vormittags ansonsten im Gehirn eine Verarmung an Glukose eintritt, die sich in Müdigkeit, Erschöpfung und Konzentrationsmangel äußert. Es sollte aus ein bis zwei nicht allzu dick bestrichenen Scheiben Brot bestehen, wobei Obst als Zugabe nichts schadet. Reichlicher belegt werden sollten Pausenbrote nur, wenn das erste Frühstück zu schmal ausgefallen ist.

Ernährungsphysiologisch bedeutsam ist auch eine regelmäßige und ausreichende Flüssigkeitszufuhr, die bei Schulkindern aufgrund der im Verhältnis zum Körperinhalt besonders großen, schweißabgebenden Körperoberfläche sehr wichtig ist. Die Flüssigkeitsaufnahme darf nicht nur aus Milch bestehen, denn diese ist eher ein Nahrungsmittel. Es genügen 0,3 bis 0,5 l Milch täglich. Zum Durstlöschen geeigneter sind Wasser, saurer Sprudel, schwach gesüßter Tee oder mit Wasser verdünnter Obstsaft. Bei jüngeren Schülern sollten Bohnenkaffee und schwarzer Tee vermieden werden. Dasselbe gilt natürlich auch für alkoholhaltige Getränke. Limonaden und andere stark zuckerhaltige Getränke sind fürs Durstlöschen ungeeignet, da sie Übergewichtigkeit und Nährstoffmangel (Eiweiß, Mineralstoffe, Vitamine) fördern.

Wenn Schüler abwechslungsreich und vollwertig ernährt werden, gibt es keinen Anlaß zur Extraversorgung mit Vitaminen, Mineralstoffen und Spurenelementen. Anderslautende Behauptungen der Pharmawerbung sind empirisch nicht haltbar. Präparate fördern das Lernvermögen nur dann, wenn schwerwiegende, durch Fehlernährung bedingte Mangelzustände vorliegen.

Ausreichender Schlaf

Zu den physiologischen Grundvoraussetzungen des Lernens gehört auch ein ausreichender Schlaf, denn nur durch ihn erlangen die während des Wachseins beanspruchten Organsysteme ihre Funktionsfähigkeit zurück. Schulkinder benötigen eine Schlafdauer von neun bis elf Stunden, ab dem 15. Lebensjahr reichen sieben bis acht Stunden aus. Werden diese Durchschnittswerte beispielsweise durch überlangen Fernsehkonsum oder durch emotional bedingte Schlafdefizite (Familienprobleme, Prüfungsangst) ständig unterschritten, treten vielfältige, psychophysische Symptome auf:

– Antriebsschwäche
– Lernunlust
– Reizbarkeit
– Initiativlosigkeit

- Konzentrationsstörungen
- Gedächtnisblockaden

Eine Störung des natürlichen Schlaf-Wach-Rhythmus kann im Laufe der Zeit zu generellem Leistungsversagen führen. Die Eltern sollten auf die Einhaltung des altersgemäßen Schlafquantums achten. Fernseher und Videorecorder dürfen nicht zum Diktator des Schlaf-Wach-Rhythmus werden. Besonders jüngere Schulkinder sollten nicht über 21 Uhr hinaus fernsehen. Und sie sollten vor Fernseh- und Videofilmen verschont werden, die erlebnismäßig so stark nachwirken, daß das Einschlafen und Durchschlafen empfindlich gestört werden. Im Falle von Schlafdefiziten, deren Ursachen nicht medienbedingt sind, ist die Konsultation einer Psychologischen Beratungsstelle angeraten.

Körperlicher Ausgleich

Schüler sind geistige Arbeiter mit einer hohen Wochenarbeitszeit, während der sie die meisten Tätigkeiten meist sitzend oder bewegungsarm verrichten. Rechnet man passive Freizeittätigkeiten wie das Fernsehen hinzu, so liegt bei vielen Schülern ein ernstzunehmendes Ungleichgewicht zwischen körperlicher und geistiger Tätigkeit vor. Der Mangel an Bewegung und körperlicher Betätigung führt nicht nur zu Muskelschwächen und Haltungsschäden, sondern auch zu einem von der Überbeanspruchung des Zentralnervensystems ausgelösten Streßzustand. Dieser äußert sich in lernhemmenden Symptomen wie Kopf- und Rückenschmerzen, Kreislaufschwäche, Ermüdung, Reizbarkeit und Konzentrationsschwierigkeiten.

Das Ungleichgewicht zwischen körperlicher und geistiger Tätigkeit und die damit verbundene Verspannung und Verkrampfung läßt sich auf verschiedenen Wegen abbauen. Einer davon wäre gezieltes Entspannungstraining. Darunter versteht man Übungsverfahren, die zur Entspannung der quergestreiften Muskulatur (Skelettmuskulatur) und der vom vegetativen Nervensystem gesteuerten glatten Muskulatur (Atmung, Herz- und Kreislauf usw.) beitragen. Am verbreitetsten sind die progressive Muskelentspannung und das autogene Training.

Die progressive Muskelentspannung zielt darauf ab, durch das schrittweise Anspannen und Entspannen von Skelettmuskelgruppen (z. B. Arme, Stirn, Bauch, Beine) einen im ganzen Körperbereich sich ausbreitenden Entspannungszustand hervorzurufen. Beim autogenen Training lernt man, durch Vorstellungsübungen (Schwereerlebnis, Wärmeerlebnis, Herzübung, Atemübung usw.) Verspannungszustände und Störungen der Organfunktionen abzubauen. Wer über keine grundständigen Qualifikationen verfügt, sollte das autogene Training mit Schülern nicht durchführen. In diesem Falle lieber auf fachkundige Angebote in Volkshochschulen, Psychologischen Beratungsstellen oder medizinisch-psychologischen Praxen hinweisen! Das progressive Muskelentspannungstraining hingegen kann selbst erlernt und in Kurzversionen auch mit Schulklassen durchgeführt werden (s. *Richter/Pieritz* 1982).

Körperlicher Ausgleich muß nicht unbedingt in Form eines aufwendigen Entspannungstrainings vorgenommen werden. Es gibt viele kleine Entspannungsübungen, die im Alltag meist unkompliziert durchgeführt werden können:

● Kurzgymnastik (Liegestützen, Kniebeugen, Armekreisen)
● Isometrische Übungen (Muskeln kurze Zeit stark anspannen und gleich wieder lockern)
● Atemübungen (2 Sek. einatmen – 4 Sek. Luft anhalten – 2 Sek. ausatmen)
● Tanzbewegungen zur Musik

Ein gutes Maß an körperlichem Ausgleich erreicht auch, wer versucht, möglichst viele Wege zu Fuß oder mit dem Fahrrad zurückzulegen. Und nicht zuletzt ist regelmäßiges Sporttreiben der beste Garant für die Aufrechterhaltung des Körper-Geist-Gleichgewichts.

Berücksichtigung des Tagesrhythmus

Der Ausspruch „Es gibt nichts Mächtigeres im Leben des menschlichen Organismus als den Rhythmus" stammt vom russischen Physiologen und Nobelpreisträger I. *Pawlow.* Dieser läßt sich auch auf den Tagesrhythmus anwenden. Tagesrhythmus heißt, daß die Leistungsbereitschaft des Menschen tageszeitlich in mehr oder weniger starkem Maße schwankt (s. Abb. 6). Dies hängt damit zusammen, daß die physiologische Kapazität des Menschen nicht beliebig ausnutzbar ist, sondern immer wieder Regenerations- und Ruhephasen braucht. Die Tagesleistungskurve hat gewöhnlich zwei Leistungshochs und zwei Leistungstiefs. Das erste Leistungshoch liegt im Vormittag zwischen 9.00 Uhr und 11.00 Uhr. Danach fällt die Leistungsbereitschaft zurück in das erste Leistungstief, das als Mittagsruhe oder Verdauungsmüdigkeit bezeichnet wird und von 12.00 bis 15.00 Uhr reicht. Am späten Nachmittag und am frühen Abend folgt nochmals

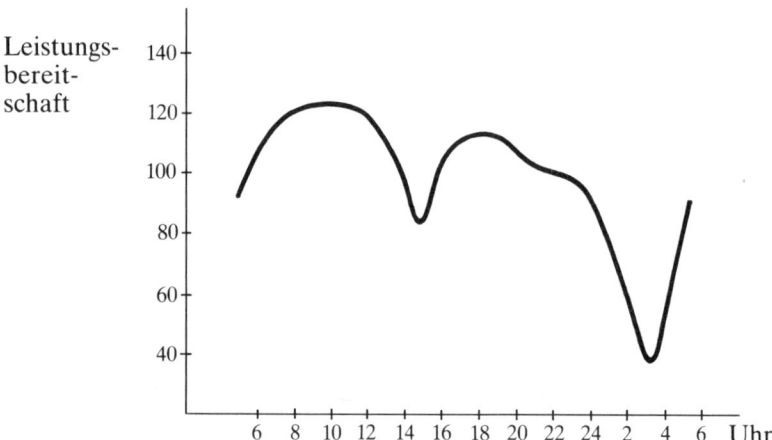

Leistungs-
bereit-
schaft

Abb. 6: *Tagesleistungskurve (nach Graf 1961)*

ein zweites Leistungshoch, das zwar nicht mehr den Spitzenwert des Vormittags erreicht, aber sich auf geistige Leistungen förderlich auswirkt. Zwischen 21.00 und 22.00 Uhr beginnt ein steiler Abstieg ins „Schlaftief", das um 3.00 Uhr seinen Minimumpunkt erreicht. Erst ab 6.00 Uhr beginnt dann wieder ein deutlicher Anstieg der Leistungsbereitschaft.

Der so beschriebene und abgebildete Verlauf der Tagesleistung ist als eine Durchschnittskurve anzusehen. Die Mehrzahl der Schüler wird sich mit geringen Abweichungen darin wiederentdecken. Bei einer Minderheit kommt es jedoch zu größeren Abweichungen. So z. B. bei den „Morgenmenschen", die sehr früh leistungsbereit sind, aber schon am frühen Abend in ein Leistungstief geraten. Und es gibt auch die „Abendmenschen", die morgens schwer starten und erst abends ihren Leistungsgipfel erreichen.

Die Unterrichts- und Lernzeiten ganz auf die individuelle Tagesleistungskurve abzustimmen, wird aus organisatorischen Gründen kaum möglich sein. Allerdings ist eine gewisse Berücksichtigung und Beachtung geboten. So sollten Klassenarbeiten möglichst während des ersten Leistungshochs geschrieben werden und keinesfalls in der Mittagssenke. Was ebenfalls umsetzbar scheint, sind mehr Form- und Tätigkeitswechsel sowie häufigere Kurzpausen in tagesrhythmisch ungünstigen Unterrichtsstunden.

Beim häuslichen Lernen gilt die Faustregel, nicht gleich nach dem Mittagessen anzufangen. Einerseits ist es zwar verständlich, wenn viele Schüler die Hausaufgaben vom Tisch haben möchten, um sich unbeschwert der Freizeit zuwenden zu können. Andererseits ist die physiologische Leistungsbereitschaft in diesem Zeitabschnitt nicht besonders günstig. Deshalb könnte ein Kompromiß so aussehen, daß Schüler nach dem Mittagessen etwa eine halbe Stunde warten, vor Lernbeginn für genügend Sauerstoffzufuhr sorgen und während der Hausaufgaben mehr Kurzpausen als zu anderen Tageszeiten einlegen. Diese Schüler sollten aber dennoch einen kleinen Teil der Lernzeit ins zweite Leistungshoch legen, um von dieser biorhythmisch günstigeren Tageszeit zu profitieren. Zum Beispiel könnten in einer solchen Lernphase am frühen Nachmittag gelernte Vokabeln kontrolliert und wiederholt werden.

3.5 Gemeinsames Lernen

Obwohl der Mensch ein soziales Wesen ist, wird sein Bedürfnis nach Kontakt und Gemeinschaft beim Lehren und Lernen zu wenig berücksichtigt. Obwohl zur lernfördernden Wirkung der Kleingruppenarbeit ein empirisch genügend gesicherter Erkenntnisstand vorliegt (s. *Tausch/ Tausch* 1977, S. 261 f.), wird sie als Unterrichts- und Lernform immer noch stark vernachlässigt. Und obwohl die Arbeitswelt kooperativ und arbeitsteilig organisiert ist, werden Schüler darauf nur sehr dürftig vorbereitet.

Schüler zu gemeinsamem Lernen und Arbeiten zu befähigen, gehört zum methodischen Bildungsauftrag der Schule. Seine Verwirklichung beginnt mit dem Abbau des Frontalunterrichts zugunsten eines intensiveren Einsatzes von Gruppenunterrichtsverfahren. Diese können das Lernen aber nur dann wirksam fördern helfen, wenn sie sinnvoll angewandt werden. Der Schulpraktiker *Meyer* (1980) warnt in seinem „Leitfaden zur Unterrichtsvorbereitung" vor einer Gruppeneuphorie bzw. vor einem unreflektierten Einsatz:

„Es gibt guten und schlechten Gruppenunterricht ebenso wie guten und schlechten Frontalunterricht. Gruppenunterricht bietet gute Chancen für schülerbestimmten Unterricht – aber nur dann, wenn er im Blick auf Ziele und Inhalte des Unterrichts gerechtfertigt werden kann, wenn er sorgfältig vorbereitet und differenziert ausgewertet wird" (S. 76).

Beim Gruppenunterricht wird der Klassenverband zeitweilig in arbeitsgleiche oder arbeitsteilige Gruppen aufgeteilt. Arbeitsgleich bedeutet gleiche Aufgaben für alle Gruppen. Arbeitsteilig meint, daß jede Gruppe einen Aufgabenaspekt bearbeitet, was übrigens das Organisations- und Konzentrationsvermögen des Lehrers stärker fordert. Der Gruppenunterricht eignet sich besonders für das Durcharbeiten, Üben und Anwenden (*Aebli* 1983, S. 376 f.). Er sollte also erst dann als Unterrichtsform eingesetzt werden, wenn ein neuer Lernstoff eingeführt und erarbeitet worden ist. Eine Unterrichtseinheit oder Unterrichtsstunde auf allen Lehrstufen mit Gruppenunterricht zu bestreiten, ist genauso unangebracht wie laufendes Frontalunterrichten.

Der konkrete Einstieg in die Gruppenarbeit erfolgt mit einem klar verständlichen Arbeitsauftrag, dessen Formulierung vorbereitet sein will. Die Schüler werden über den Aufgabeninhalt und die angestrebten Ergebnisse möglichst genau informiert. Beispiel: das Für und Wider der Errichtung eines Kohlekraftwerkes in der Region A diskutieren und vor der Klasse eine kurze, begründete und schriftlich fixierte Entscheidung darbieten. Vor der Erteilung des Arbeitsauftrages soll auch geklärt werden, welche Hilfs- und Arbeitsmittel in Frage kommen und ob die Schüler auch damit umgehen können (z. B. Lesen und Verstehen von Karten und Diagrammen).

Die Fähigkeit der Schüler, in der Kleingruppe zu arbeiten, entwickelt sich nicht von heute auf morgen. Es bedarf einige Monate Übung, um den Klassenverband rasch und geräuscharm in Kleingruppen aufzulösen und wiederherzustellen. Und gleichlang muß geübt werden, um in der Gruppe sprechen und zuhören zu lernen. Dieser Lernprozeß läßt sich dadurch unterstützen, daß anfangs nicht nur die Arbeitsergebnisse dargeboten, sondern auch die Gruppenerfahrungen besprochen werden: Wie ist das Gespräch gelaufen? Welche Schwierigkeiten hat es gegeben? Was müßte das nächste Mal anders werden?

Des öfteren berichten Lehrer, daß die Gruppenarbeit dort besser gelingt, wo zuvor schon häufiger die Partnerarbeit als Unterrichtsform praktiziert worden ist. Dies verwundert nicht, da die Partnerarbeit eine wichtige Vorstufe der Gruppenkommunikation ist. Und die „für die Zusammenarbeit erforderlichen Arbeitstechniken sind die gleichen wie beim Gruppenunterricht (*Bronmann/Kochansky/Schmid* 1981, S. 82). Deshalb sollte auch von dieser Unterrichtsform mehr Gebrauch gemacht werden, da sie ebenfalls sozialen Bedürfnissen entspricht und den Lernprozeß auflockern hilft.

Die Gruppenarbeit trägt auch außerhalb des Unterrichts zur Förderung des Lernens bei, obwohl fehlende Gruppenräume in der Schule, beengte Wohnverhältnisse oder zu große Entfernung der Wohnungen die Möglichkeiten bisweilen einschränken. Sie hat jedoch nur einen Sinn, wenn jedes Gruppenmitglied den Lernstoff zunächst einmal selbständig bearbeitet. Was aus der Alleinarbeit an Fragen, Problemen und Lücken übrigbleibt, wird zum Inhalt einer selbstorganisierten Lerngruppe. Deren Arbeitserfolg hängt wie im Gruppenunterricht von der Beachtung gewisser Organisations- und Interaktionsregeln ab:

● Die Gruppengröße sollte die Zahl 5 nicht überschreiten, da der individuelle Lerngewinn sonst zu gering wird.

● Die Gruppenmitglieder sollten über ein Mindestmaß wechselseitiger Sympathie verfügen, da der Lernprozeß durch Rivalitäten und Animositäten zu sehr gestört wird.

● Die Gruppe sollte sich aus Schülern mit unterschiedlichen Leistungsschwerpunkten zusammensetzen, damit Geben und Nehmen nicht aus dem Gleichgewicht geraten.

● Die Gruppenzusammensetzung sollte nicht so oft wechseln, da das Aneinander-Gewöhnen dem Lernprozeß zuviel Energie entzieht.

● Die Gruppenarbeit läßt sich besser strukturieren, wenn jedes Mitglied das in der Alleinarbeit Nichtverstandene notiert, so daß die einzelnen Merkzettel ein Gruppenprogramm ergeben.

Sind die organisatorischen und emotionalen Voraussetzungen gegeben, kann das Gruppenlernen sehr motivierend und nützlich sein. Wenn Schüler über positive Erfahrungen berichten, nennen sie meist folgendes:

– Verstehen komplizierter Aufgaben und Probleme,
– Entdecken und Schließen von Wissenslücken,
– Angstabbau vor Klassenarbeiten und Prüfungen,
– mehr Spaß und Freude beim Lernen.

Schüler nur zum selbstorganisierten Lernen in Kleingruppen anzuregen, hat weder Sinn noch Wirkung. Ein baldiger Gruppenzerfall ist meist die Folge. Nötig ist erstens eine konkrete Handlungsanleitung, die aus den o. g. Grundregeln der Gruppenarbeit bestehen könnte. Und nötig ist zweitens eine Begleitung, indem die ersten Gruppenerfahrungen in Unterrichtsgesprächen berichtet und besprochen werden. Dieser Aufwand lohnt sich, da über kurz oder lang ein Lernhilfesystem entstehen kann, das eine echte Alternative zum Nachhilfe- und Paukstudiounterricht darstellt.

4. Gedächtnisförderung

Das Gedächtnis ist eine komplexe psychophysische Funktion, die das Einprägen, Speichern, Erinnern und Wiedererkennen von Informationen

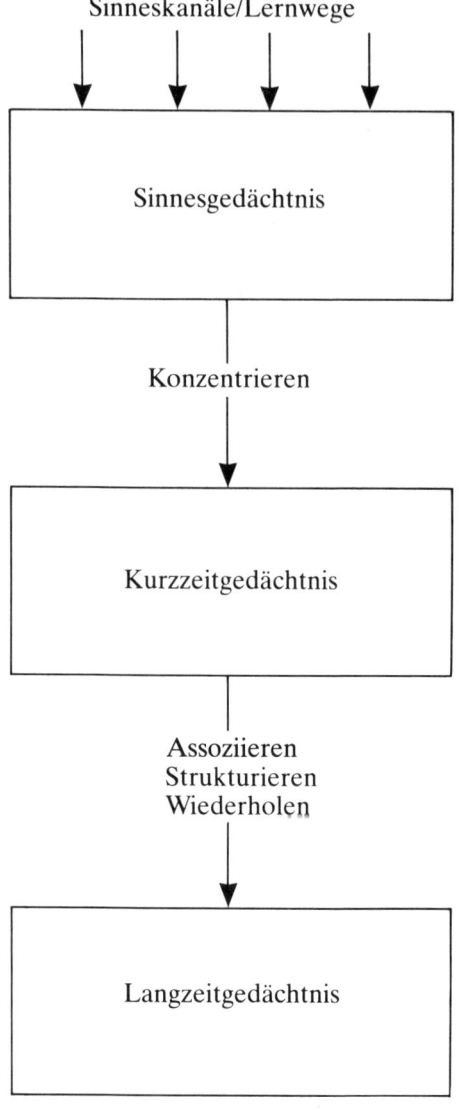

Abb. 7: Der Gedächtnisprozeß

umfaßt. Seine archivalischen Tätigkeiten sind unabdingbare Voraussetzungen für ein erfolgreiches Lernen und Denken. Die Frage, wie es im
einzelnen funktioniert, wird von Neurophysiologen, Biochemikern und
Psychologen immer noch kontrovers diskutiert. Von den bisher entwickelten Gedächtnismodellen wird jedoch das Dreispeicher-Modell am meisten
favorisiert. Ihm liegt die Annahme zugrunde, daß das Gedächtnis aus drei
eng miteinander verbundenen Teilsystemen besteht: Sinnesgedächtnis,
Kurzzeitgedächtnis, Langzeitgedächtnis.
Wenn gelernt wird, ist das Sinnesgedächtnis erste Station der von den
Wahrnehmungskanälen ins Großhirn fließenden Informationen. Diese
halten sich dort ein paar wenige Sekunden in Form elektrischer Schwin-
gungen auf. Wird ihnen keine Aufmerksamkeit zuteil, sind sie sofort
wieder vergessen. Also kein Merken ohne Aufmerken! Wird dem neuen
Lernstoff aber durch konzentriertes Wahrnehmen genügend psychische
Energie zugeleitet, entsteht im Kurzzeitgedächtnis eine erste Gedächtnisspur, und zwar durch die Synthese einer Nukleinsäure-Kette (RNA).
Diese zerfällt nach einigen Minuten jedoch wieder, wenn sie nicht in Form
von Eiweißmolekülen (Informationsmolekülen) „von der RNA-Matrize
abkopiert und dauerhaft fixiert" wird (*Vester* 1978a, S. 65). Voraussetzung
für diese biochemische Langzeitspeicherung ist, daß der Lernstoff mit
bereits vorhandenem Wissen assoziiert, von positiven Gefühlen begleitet,
gut strukturiert und wiederholt wird. Ein auf diese Weise ins Langzeitgedächtnis gelangter Lernstoff kann dort lebenslang gespeichert bleiben.
Das heißt allerdings nicht, daß er jederzeit erinnerbar ist. Sein Abruf
kann durch Verdrängung, Hemmung, Überlagerung oder Übungsmangel
beeinträchtigt werden.
Ob ein Schüler ein gutes oder ein schlechtes Gedächtnis hat, liegt nur in
sehr geringem Maße in seiner Gedächtniskapazität begründet. Denn die
ist nach dem jetzigen Stand der Gedächtniswissenschaft bei den meisten
Menschen annähernd gleich. Die Gedächtnisfähigkeit ist großenteils von
der „Nutzung und Verbesserung von Gedächtnisstrategien" (*Oerter/Schu-
ster* 1982, S. 488) sowie von regelmäßigem Gedächtnistraining abhängig.
Wie Schülern beim Erwerb von Gedächtnisstrategien bzw. beim Aufbau
eines Meta-Gedächtnisses geholfen werden kann, ist Hauptinhalt dieses
Kapitels.

4.1 Gedächtnishemmungen abbauen

Während der Einprägungs- und Erinnerungsphase können Gedächtnisinhalte erheblich interferieren. *Gagné* (1973, S. 47) bezeichnet die Interferenz, im folgenden Gedächtnishemmung genannt, als den „Grundmechanismus des Vergessens". Erklären läßt sie sich damit, daß das Kurzzeitgedächtnis eine sehr begrenzte Kapazität besitzt, nämlich nur 7 ± 2 unterschiedliche Informationseinheiten. In diesem engen Informationskanal besteht die ständige Gefahr, daß vom Bewußtsein ins Langzeitgedächtnis und umgekehrt fließende Informationen miteinander kollidieren. Ganz vermeiden lassen sich diese Kollisionen nicht, aber durch Lernstrategien, die der Struktur und den Funktionsgesetzen des Gedächtnisses Rechnung tragen, in erheblichem Maße abbauen.

Unter den verschiedenartigen Gedächtnishemmungen kommen pro- und retroaktive Hemmungen (Vorwärts- und Rückwärtshemmungen) am häufigsten vor. Sie treten auf, wenn Lernstoff zeitlich zu dichtgedrängt vermittelt bzw. angeeignet wird. Wenn nun die zuerst gelernten die Erinnerung der nachfolgend gelernten Stoffeinheiten beeinträchtigen, liegt eine proaktive oder Vorwärtshemmung vor (s. Abb. 8). Stören die später gelernten den Abruf der zuerst gelernten Stoffeinheiten, spricht man von retroaktiver oder Rückwärtshemmung. Unterrichtlich kann beiden Gedächtnishemmungen vorgebeugt werden durch ein langsames Lehrtempo sowie durch einen regelmäßigen Phasenwechsel. „Erfahrene Lehrer wechseln im Schulunterricht Phasen besonders intensiven Lernens mit Phasen der Ruhe, der Besinnung, des Spiels ab" (*Potthoff* 1981, S. 122). Dadurch können die Lerninhalte den engen Informationskanal des Kurzzeitgedächtnisses ungehemmter passieren.

Ähnliche Strategien empfehlen sich auch für Schüler beim häuslichen Lernen. Ob Vokabeln, Grammatik, Matheregeln oder Geschichtsdaten, sie sollten nicht massiert, an einem Stück, sondern blockweise, mit Pausen dazwischen, gelernt werden. Zu beachten ist, daß diese Pausen der Entspannung dienen (z. B. Kurzgymnastik) und um so länger sind, je weiter die Lernzeit fortgeschritten ist.

Wenn sich zeitlich und räumlich benachbarte Lerninhalte zu stark ähneln, treten ebenfalls Gedächtnishemmungen auf. Es gibt dann Schwierigkeiten, diese im Langzeitgedächtnis bedeutungsmäßig differenziert unterzubringen. Solche Ähnlichkeitshemmungen kommen beim Fremdsprachenlernen oft vor. Rays (englisch = Strahlen) wird verwechselt mit race (englisch = Rennen), he pays (englisch = er bezahlt) mit le pays (franzö-

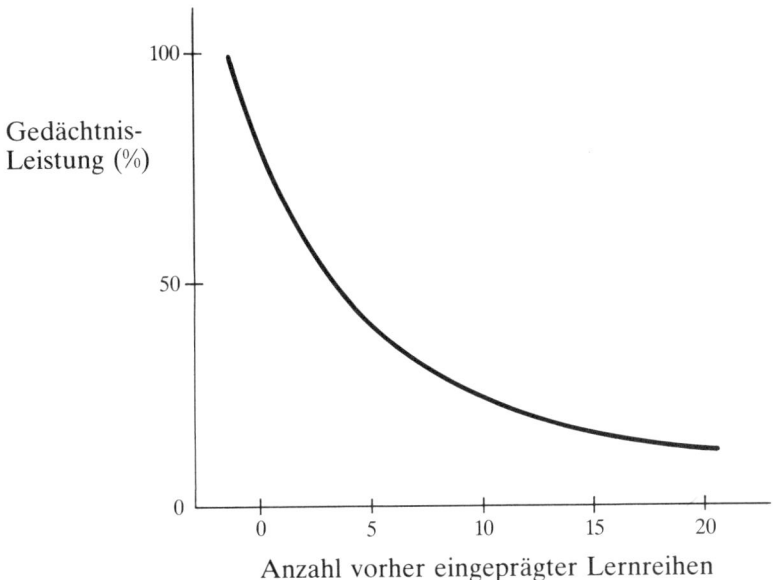

Anzahl vorher eingeprägter Lernreihen

Abb. 8: Proaktive Gedächtnishemmungen (nach Underwood in Kintsch 1982)

sisch = das Land). Prophylaktische Wirkungen sind bereits zu erwarten, wenn der Stundenplan so organisiert wird, daß zwei Fremdsprachen nicht unmittelbar aufeinanderfolgen. Dies sollte auch der Schüler bei der Hausaufgabenplanung praktizieren. Im übrigen ist auch davon abzuraten, Vokabeln in der alphabetischen Reihenfolge des Grund- und Aufbauwortschatzes zu lernen bzw. lernen zu lassen, da dort leicht verwechselbare Vokabeln sich besonders häufen. Lassen sich ähnliche Lerninhalte (z. B. Begriffe einer zusammenhängenden Stoffeinheit) nicht isolieren, so sollten die differenzierenden Merkmale beim Lehren und Lernen mit visuellen, auditiven und semantischen Mitteln besonders hervorgehoben und gründlich eingeübt werden.

Starke affektive Erregungen (Angst, Schreck, Wut, Trauer, Euphorie) können die Konsolidierung und Reproduktion von Gedächtnisinhalten beträchtlich hemmen. Zwar nicht völlig beseitigt, aber deutlich reduziert werden diese affektiven Hemmungen durch ein emotional warmes Erziehungs- und Unterrichtsklima, durch genügend positive Verstärkung und Ermutigung sowie durch den weitgehenden Verzicht auf Angsterzeugung als Erziehungsmittel. Hinzu kommen müssen natürlich auch Ratschläge an den Schüler, wie beim individuellen Lernen affektive Hemmungen abgebaut werden können:

- Bei starken Erregungszuständen lieber nicht lernen, sondern abwarten, bis sie auf ein Mittelmaß zurückgegangen sind.
- Kurz vor, während und nach dem Lernen Situationen meiden (z. B. Streit), die starke Erregungszustände hervorrufen können.
- Starke Erregungszustände durch Entspannungstechniken (s. Kap. 3.4) steuern und abbauen lernen.
- Die Lernumwelt so gestalten (s. Kap. 3.2), daß eine positive, ausgeglichene Lernstimmung entsteht.

Wenn kurz vor der Reproduktion früher gelernter Inhalte neuer Stoff eingeprägt wird, wächst die Wahrscheinlichkeit ekphorischer Hemmungen (Erinnerungshemmungen). Diesen könnte wirksamer abgeholfen werden, wenn Klassenarbeiten möglichst morgens, zu Beginn der ersten Stunde stattfinden würden. Zu einem Zeitpunkt also, wo neuer Stoff noch nicht den Abruf gespeicherten Wissens blockiert. Die Schüler verringern diese Blockaden, indem sie sich auf eine Klassenarbeit so frühzeitig vorbereiten, daß das Lernen am Prüfungsmorgen überflüssig wird. Und eine weitere Vorbeugung ist es, wenn sie kurz vor Klassenarbeitsbeginn nicht mehr in Hefte, Bücher und Aufzeichnungen schauen sowie Stoffdiskussionen aus dem Wege gehen.

Teilt der Lernende seine Aufmerksamkeit, indem er zur selben Zeit Vokabeln lernt und Radio hört, wird der Gedächtnisprozeß gleichfalls gehemmt. Denn je mehr Erregungsvorgänge in dem begrenzt aufnahmefähigen Sinnesgedächtnis ablaufen, desto größer ist die Gefahr von Zusammenstößen bzw. Gleichzeitigkeitshemmungen. Durch entsprechende Verhaltenssteuerung (z. B. gezielte Interessenweckung) sollten deshalb in intensiven Unterrichtsphasen Lärm und Ablenkung auf ein möglichst niedriges Maß reduziert werden. Und der allein lernende Schüler sollte darauf achten, daß vom Arbeitsplatz möglichst wenige Störeffekte (ablenkbare Gegenstände, laute Radiosendung) ausgehen.

Was Gedächtnishemmungen sind und wie sie abgebaut werden können, läßt sich Schülern anschaulich und interessant in Form kleiner Gedächtnisexperimente (s. u.) vermitteln. Hierzu wird die Klasse in zwei leistungsmäßig gleich starke Gruppen aufgeteilt. Teilgruppe A muß eine Lernaufgabe unter dem Einfluß einer speziell erzeugten Gedächtnishemmung lösen. Teilgruppe B bearbeitet in einem anderen Raum dieselbe Lernaufgabe unter gedächtnisförderndem Einfluß. Gleich danach wird schriftlich geprüft, ob und in welchem Maße sich die Gedächtnisleistungen der beiden Teilgruppen unterscheiden. Falls sich keine Fehler einschleichen (z. B. falsche Gruppenzusammensetzung oder ungleiche Lern- und Prüfungszeiten), schneidet Teilgruppe A schlechter ab. Warum dem so ist, wird im anschließenden gemeinsamen Unterrichtsgespräch erarbeitet. Dabei soll auch an eigene Lernerfahrungen angeknüpft werden. Den Abschluß bilden Überlegungen, wie künftig der betreffenden Gedächtnishemmung besser vorgebeugt werden kann.

Um einen reibungslosen und objektiven Ablauf zu ermöglichen, sollten die Experimente zu zweit, im Team-Teaching, durchgeführt werden. Wenn für die unterrichtliche Lernförderung genügend Zeit zur Verfügung steht, ist eine zeitlich verteilte Anwendung zu empfehlen (ein Experiment pro Woche). Der genaue Sinn und Zweck darf natürlich vor dem Versuchsbeginn noch nicht erläutert werden. Den Schülern wird lediglich mitgeteilt, daß es sich um ein Gedächtnisexperiment handelt.

Nachstehend werden nun fünf verschiedene Gedächtnisexperimente dargestellt. Die konkreten Inhalte der Lernaufgaben und Gedächtnisprüfungen sind offengelassen. Sie sollten entsprechend der Schulart, der Klassenstufe und dem Wissensstand der Schüler festgelegt werden.

Experiment: Vorwärts-/Rückwärtshemmung

- Teilgruppe A wird eine Geschichte in raschem Tempo vorgelesen.
- Teilgruppe B wird dieselbe Geschichte langsam und in Absätzen vorgelesen.
- Beide Teilgruppen beantworten einen Fragebogen zu dieser Geschichte, zählen anschließend die richtigen Antworten und berechnen den Mittelwert.

Experiment: Ähnlichkeitshemmung

- Teilgruppe A lernt eine Vokabelreihe leicht verwechselbarer Wörter (rays, race, raise, raze . . .)
- Teilgruppe B lernt eine Vokabelreihe deutlich unterscheidbarer Wörter (umbrella, twist, picture . . .)
- Beide Teilgruppen erhalten einen Vokabeltest, zählen anschließend die richtig wiedergegebenen Vokabeln und berechnen den Mittelwert.

Experiment: Affektive Hemmung

● Teilgruppe A löst kleine Rechenaufgaben (Dreisatz, Brüche etc.) und wird immer wieder geärgert: „Los beeilt euch, die Zeit läuft ab". „Es hapert wohl!" . . .
● Teilgruppe B löst dieselben Rechenaufgaben ohne Ärger, in einer entspannten Atmosphäre.
● Beide Teilgruppen ermitteln die Anzahl der richtig gelösten Aufgaben und berechnen den Mittelwert.

Experiment: Erinnerungshemmung

● Teilgruppe A muß zunächst eine kleine Liste schwer merkbarer Fremdwörter lernen (Apokalypse, Märtyrer, Thermostat . . .). Erst dann wird ein Wissenstest präsentiert, der den Stoff der letzten beiden Geschichtsstunden zum Inhalt hat.
● Teilgruppe B kann den Wissenstest gleich bearbeiten.
● Beide Gruppen ermitteln den Mittelwert der richtig beantworteten Fragen.

Experiment: Gleichzeitigkeitshemmung

● Teilgruppe A lernt einen sachkundlichen Text (z. B. Entstehung von Passatwinden) bei beträchtlichem Radiolärm und beantwortet anschließend hierzu Wissensfragen.
● Teilgruppe B lernt denselben Text und beantwortet die Wissensfragen ohne besondere Lärmbeeinträchtigung.
● Beide Gruppen errechnen den Mittelwert der richtigen Antworten.

4.2 Mehrere Lernwege benutzen

Lernstoff kann auf verschiedenen Wahrnehmungskanälen bzw. Sinneswegen ins Gedächtnis aufgenommen werden. Am Lernen sind vor allem beteiligt:

– der Gesichtssinn (Lernweg Sehen),
– der Gehörssinn (Lernweg Hören),
– der Berührungs- und Bewegungssinn (Lernweg Handeln).

Je mehr Lernwege benutzt werden, desto mehr Wahrnehmungs- und Assoziationsfelder der Großhirnrinde werden in die Informationsverar-

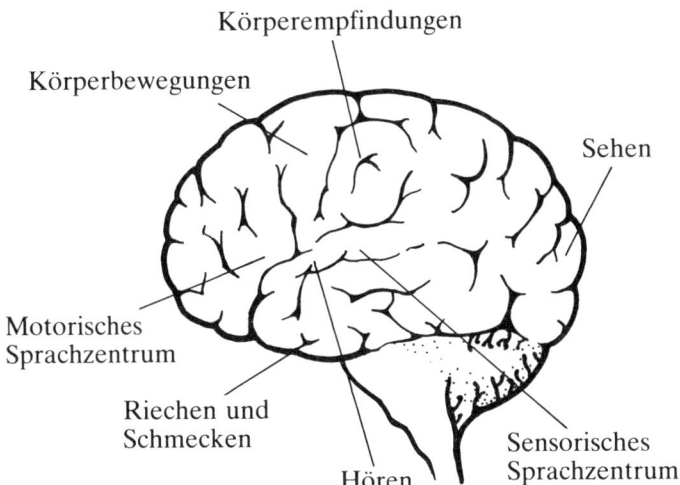

Körperempfindungen

Körperbewegungen

Sehen

Motorisches
Sprachzentrum

Riechen und
Schmecken

Hören

Sensorisches
Sprachzentrum

Abb. 9: Felder der Großhirnrinde

beitung einbezogen (s. Abb. 9). Diese Lernstrategie hat zwei entscheidende Vorteile (s. *Vester* 1978a): Erstens wird der Lernstoff im Langzeitgedächtnis mehrfach verankert und verschlüsselt. Zweitens ist er in der Erinnerungsphase rascher verfügbar und abrufbar.

Im Schulunterricht wird diesem neuropsychologischen Grundgesetz des Lernens immer noch zu wenig Rechnung getragen. Denn die reale Lehrmethodik wird trotz massiver Kritik weiterhin vom verbalen Frontalunterricht dominiert. Die Schule von heute ist immer noch eine „Sprachschule". Der einkanalige, verbal-auditive Lehr- und Lernweg läßt somit wichtige Assoziations- und Denkmöglichkeiten ungenutzt. Er leistet auch dem Vergessen beträchtlichen Vorschub, da verbal-auditive Informationen am schlechtesten behalten werden (*Dahmer/Dahmer* 1976, S. 92). Und nicht zuletzt benachteiligt er auch Schüler, die eher dem visuellen oder handelnden Lerntyp angehören.

Für die unterrichtliche Lernförderung ergibt sich daraus die Konsequenz, Lernstoff möglichst mehrkanalig zu vermitteln bzw. vielfältige Darbietungs- und Arbeitsformen zu verwenden. Einen wichtigen Beitrag hierzu leistet schon eine visuelle Unterstützung der Stoffvermittlung. Mit Unterrichtsmedien wie Tafelbildern, Transparenten, Posters, Dias oder Filmen wird das bildhafte Gedächtnissystem der rechten Gehirnhälfte aktiviert (*Paivio* 1975). Somit wird eine Verknüpfung mit den in der linken Gehirnhälfte gespeicherten verbal-auditiven Lerninhalten gefördert. Dazu kommen sollten aber auch Lehr- und Arbeitsformen, die zur Selbsttätigkeit anregen bzw. zum Lernweg Handeln führen. Handlungsorientiertes Unterrichten ist nicht leicht, aber es hat nachweislich die niedrigsten Vergessensraten zur Folge (*Dahmer/Dahmer* 1976, S. 92):

● Stoffaufnahme (Fragen, Suchen, Sammeln, Notieren, Nachschlagen)
● Stoffaufbereitung (Auszüge, Strukturieren, Markieren, Zeichnen, Skizzieren)
● Sprechaufgaben (Beschreiben, Berichten, Erzählen, Vortragen, Erörtern)
● Praktische Lernaufgaben (Experimentieren, Messen, Auswerten, Kenn- und Bestimmungsübungen)
● Erkundendes Lernen (Unterrichtsgänge, Besichtigungen, Beobachtungen, Befragungen
● Szenische Darstellungen (Marionettenspiele, Rollenspiele, Planspiele)
● Projekte (Biotope anlegen, Ausstellungen organisieren, Schulhof gestalten, Modelle bauen, Reportagen machen usw.).

Ein Unterricht, der viele Sinne aktivieren und viele Lernwege eröffnen möchte, erfordert natürlich eine sorgfältige und gründliche Unterrichtsvorbereitung. Dieser Mehraufwand ist aber lohnenswert, da er das Lernverhalten in erheblichem Maße erleichtern und verbessern hilft (s. Lehrerbefragung, Kap. 7.4).

Die mehrkanalige, unterrichtliche Stoffvermittlung ist zwar eine notwendige, aber keine hinreichende Bedingung für das Behalten und Verstehen. Hinzu kommen muß das mehrkanalige, individuelle Üben, Festigen und Vertiefen. Bei vielen Schülern liegt dies sehr im argen. So zeigen unsere schulpsychologischen Beobachtungen immer wieder, daß lernschwierige Schüler viel zu einkanalig lernen. Egal, ob es sich um Sprachen, Mathematik oder Sachfächer handelt, lauten die Antworten auf die Frage nach dem Lernweg meist so:

„Ich schau' die Aufgaben halt ein paarmal an."
„Ich lese den Text mehrmals durch."
„Ich guck' die Mitschriften nochmals an."
„Ich lese die Vokabeln, bis ich glaub', daß sie sitzen."
„Ich schau' mir die Grammatik genauer an."

Das Anschauen bzw. Durchlesen ist oft der einzige Lernweg. Dadurch bleiben genauso wie bei der einkanaligen Stoffvermittlung viele Gehirnpartien, Wahrnehmungsfelder, Assoziationsmöglichkeiten und Verstehenshilfen ungenutzt. Dieses Defizit ist übrigens nicht nur bei unmittelbar versetzungsgefährdeten Schülern festzustellen. Aus meiner in der Sekundarstufe I durchgeführten Lernverhaltensbefragung geht hervor, daß nur 45% beim Vokabellernen und lediglich knapp 20% beim sachkundlichen Lernen regelmäßig mehrere Lernwege benutzen. Also nicht nur die schlechten, sondern auch die besseren Schüler können das Lernen durch ein anderes Lernmuster fördern. Hilfreich wären vor allem:

● Das Zusammenfassen von Lernstoff in Form von Auszügen, Skizzen, Strukturen und Tabellen.
● Das gründliche Vokabellernen (lesen + laut sprechen + schriftlich kontrollieren).
● Das häufigere Üben mathematisch-naturwissenschaftlicher Textaufgaben.
● Die Selbstprüfung des Gelernten (Fragen stellen und beantworten, mündliche Wiedergabe, schriftliche Wiedergabe in Stichworten).

Die Technik des mehrkanaligen Lernens läßt sich Schülern schwerlich durch Tips vermitteln. Sie muß ihnen praktisch beigebracht werden mit Hilfe von Lernaufgaben, die dem aktuellen Unterrichtsstoff entstammen.

Beispiel 1: Lösungsskizze einer Matheaufgabe anfertigen.
Beispiel 2: Textauszug eines Lektüreabschnittes machen.
Beispiel 3: Biologischen Lerninhalt („Nahrungskette") strukturieren.
Beispiel 4: Schwierige Idiome auf Lernkarteikarten übertragen.
Beispiel 5: Zeitleiste (Französische Revolution) anfertigen.
Beispiel 6: Skelett eines fremdsprachlichen Textes durch Markierungen sichtbar machen.

Diesen lerntechnischen Übungen sollten ab und an kleine Erinnerungsprüfungen (schriftliche oder mündliche Befragung) folgen. Dadurch wird den Schülern Gelegenheit gegeben, die positiven Auswirkungen gründlichen Lernens zu erkennen. Außerdem wird durch die erlebten Behaltenserfolge das „neue" Lernverhalten positiv verstärkt.
Ganz am Anfang kann auch folgendes, einsichtförderndes Lernexperiment durchgeführt werden:

● Ein Text A wird übers Durchlesen gelernt und die Behaltensleistung mit einem Wissenstest geprüft.
● Ein Text B (gleich lang und schwierig) wird nicht nur übers Durchlesen, sondern zusätzlich übers Exzerpieren gelernt. Die Behaltensleistung wird ebenfalls mit einem Wissenstest geprüft.

● Abschließend wird durch den Vergleich der durchschnittlich richtig beantworteten Fragen geprüft, ob die Benutzung des zusätzlichen Lernweges das Behalten gefördert hat.

Schüler stehen der Aneignung mehrkanaliger Lerntechniken anfangs oft skeptisch gegenüber. Argument: Sie seien zu zeitaufwendig. Meist wird es durch rasche Übungs- und Prüfungserfolge von den Schülern selbst entkräftet. Häufig setzt sich dann auch die Einsicht durch, daß die Benutzung mehrerer Lernwege kaum mehr Zeit kostet, sondern auch die Konzentration fördert und damit eine bessere Ausnutzung bisher vertrödelter Lernzeit bewirkt. Der Nutzen des mehrkanaligen Lernens geht auch aus Erfolgskontrolluntersuchungen hervor, in denen Schüler nach der Wirksamkeit vermittelter Lerntechniken gefragt wurden (s. Kap. 8). Neben der kurz-, mittel- und langfristigen Zeitplanung wird das mehrkanalige Lernen als die effektivste Lerntechnik bezeichnet.

Schließlich soll noch ein Mißverständnis geklärt werden. In Lerntechnikbüchern wird bisweilen behauptet, jeder Schüler gehöre eindeutig einem Lerntyp (visuell, akustisch, motorisch) an. Dem wird von der Lernpsychologie widersprochen: „Angeborene Lerntypen, die bevorzugt auf einem bestimmten Lernweg lernen, egal, um welchen Lernstoff es sich handelt, gibt es nicht" (*Kugemann* 1978, S. 93). Der Begriff Lerntyp ist so zu verstehen, daß Schüler einen Lernweg besonders gut zu benutzen gelernt haben, aber dennoch auf die gedächtnisstützende Hilfe anderer Wahrnehmungs- und Assoziationsfelder angewiesen sind. Mit anderen Worten: Ein verbal-auditiver Lerntyp kann beim Vokabellernen zwar das laute Lesen als Hauptlernweg benutzen, darf aber dennoch nicht auf das schriftliche Kontrollieren verzichten.

4.3 Lernstoff strukturieren

Die Speicherung von Lernstoff wird erleichtert, wenn er strukturell aufbereitet wird. In der Struktur kommt der Aufbau, das Gefüge eines Lernstoffes zum Ausdruck. Hierzu wird er in Teilinhalte aufgegliedert, die in logischer oder bedeutungsmäßiger Abhängigkeit voneinander stehen. Das Strukturieren, so der Gedächtnisforscher *Kintsch* (1982, S. 210), ist die „weitgehendste, tiefste Kodierungsebene."

Der besondere Vorteil des strukturierenden Lernens ist, daß Lerntätigkeit und Hirntätigkeit sich „funktionskonform" (*Buzan* 1984, S. 102) ver-

Abb. 10: Neuronale Strukturen der Großhirnrinde (aus Vester/Beyer/Hirschfeld 1983[2], S. 10)

halten und sich dadurch unterstützen. Denn das Großhirn verarbeitet den Lernstoff nicht linear, sondern strukturell, indem die in den Neurone gespeicherten Informationen netzartig miteinander assoziiert werden (s. Abb. 10). *Posner* (1976) bezeichnet diese Assoziationsnetze auch als „Gedächtniswaben" bzw. „Sammlungen von Erinnerungen", „die zusammen aktiviert und zusammen im langfristigen Gedächtnis gespeichert werden" (S. 55). Die Kapazität für Strukturbildungen ist nahezu unbegrenzt. Nach neurophysiologischen Schätzungen könnten auf der Großhirnrinde 10^{800} Assoziationsnetze untergebracht werden.

Das Strukturieren ist auch deshalb von Vorteil, weil durch das Hervorheben der wichtigsten Begriffe der „Verklumpung des Gedächtnisinhalts" (*Parreren* 1969, S. 70) entgegengearbeitet wird. Ein Verschwinden der Begriffe im Oberbegriff, in der Gedächtnispsychologie obliterative Subsumtion (*Ausubel* 1963) genannt, wird somit verhindert.

Ein weiterer Nutzen des strukturellen Lernens liegt auch darin, daß der informationsüberfluß eines Lernstoffes reduziert und so die Kapazitätsgrenzen des Kurzzeitgedächtnisses besser überwunden werden. Die Angst, bei diesem reduktiven Kodieren von Lernstoff zu viel Information zu verlieren, ist unbegründet, da bei einem linearen Lerntext „90 Prozent der Wörter für Erinnerungszwecke unnötig" sind (*Buzan* 1984, S. 93).

Im Unterricht ist das Strukturieren besonders dazu geeignet, Einsichten zu gewinnen, Beziehungen herzustellen und das Gelernte zusammenzufassen. Passendstes Medium hierzu ist der Tafelanschrieb (s. *Potthoff* 1981, S. 83 ff.). Wichtig dabei ist, daß das strukturelle Tafelbild nicht vorgefertigt dargeboten, sondern entwickelt und erarbeitet wird. Die Schüler begreifen den strukturellen Aufbau eines Lernstoffs nur, wenn sie die Strukturbildung mitverfolgen und nachvollziehen können. Und nur eine auf diesem Lehr- und Lernweg vermittelte Struktur trägt zur Erfolgssicherung bei.

Das strukturelle Tafelbild ist Muster für das individuelle Lernen des

Schülers. Dessen Aneignung muß aber auch hier durch Übung unterstützt werden. Der Übungsstoff wird der gegenwärtigen Unterrichtseinheit entnommen und in Einzelarbeit strukturiert. Ein paar Strukturbilder werden dann an der Tafel aufskizziert und kurz erläutert. Abschließend wird gemeinsam besprochen und beurteilt, ob in den Strukturen das Wesentliche des Stoffinhaltes zum Ausdruck gebracht worden ist. Bei den Strukturierungsübungen sollen die Schüler dazu angeregt werden, nicht nur Begriffe aus dem Text herauszuschreiben, sondern beim Zusammenfassen selbst welche zu finden. Die Verwendung eigener Begriffe oder Formulierungen verstärkt die Verankerung des Gelernten, indem es an bereits vorhandene Wissensstrukturen angebunden wird.

Dem Schüler sollten nicht allzu viele Strukturschemata vorgegeben werden. Wichtig ist, daß er das Skelett eines linear dargebotenen Lernstoffes sichtbar macht. Dies erreicht er, indem er die Wortketten auf ein merkbares Maß überschaubar gruppierter Begriffe reduziert. Dabei kann grob zwischen folgenden Strukturierungsformen unterschieden werden:

● assoziative Begriffsstruktur: in der Mitte ein Oberbegriff und darum mit Linien verbunden die wichtigsten Stichwörter (s. Abb. 11).

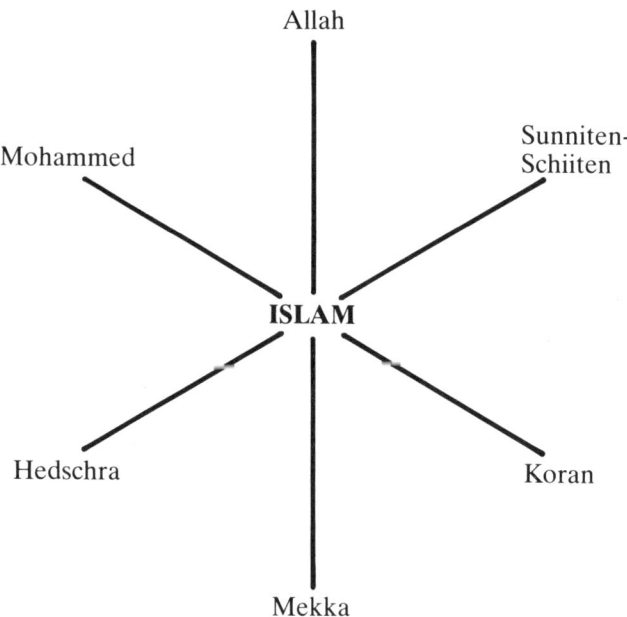

Abb. 11: Beispiel einer assoziativen Begriffsstruktur

● hierarchische Begriffsstruktur: Oberbegriffe, aus denen logischsystematische Unterbegriffe abgeleitet werden oder umgekehrt (s. Abb. 12).

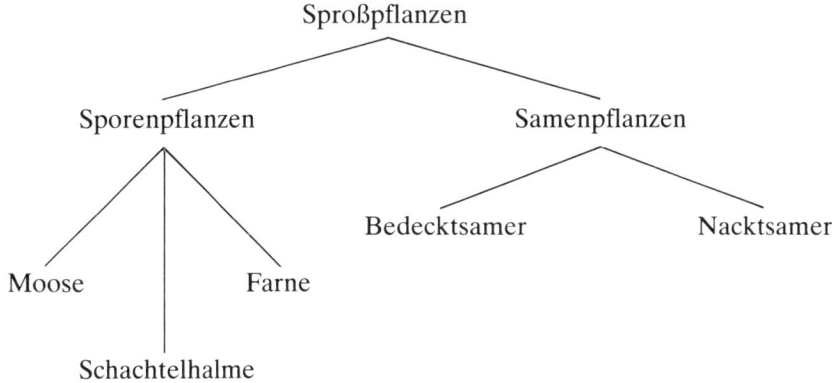

Abb. 12: Beispiel einer hierarchischen Begriffsstruktur

● kausale Begriffsstruktur: Darstellung eines Ursache-Wirkungs-Zusammenhanges (s. Abb. 13).

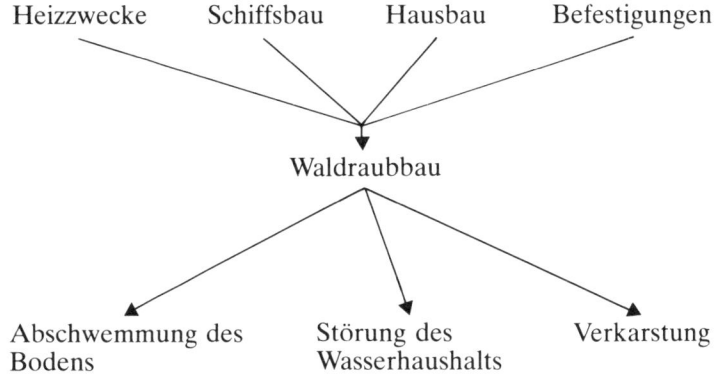

Abb. 13: Beispiel einer kausalen Begriffsstruktur

4.4 Lernstoff wiederholen

Nur wenig Lernstoff (z. B. verstandene Prinzipien) wird auf einmal, jederzeit abrufbar, im Langzeitgedächtnis gespeichert. Je detaillierter ein Lern-

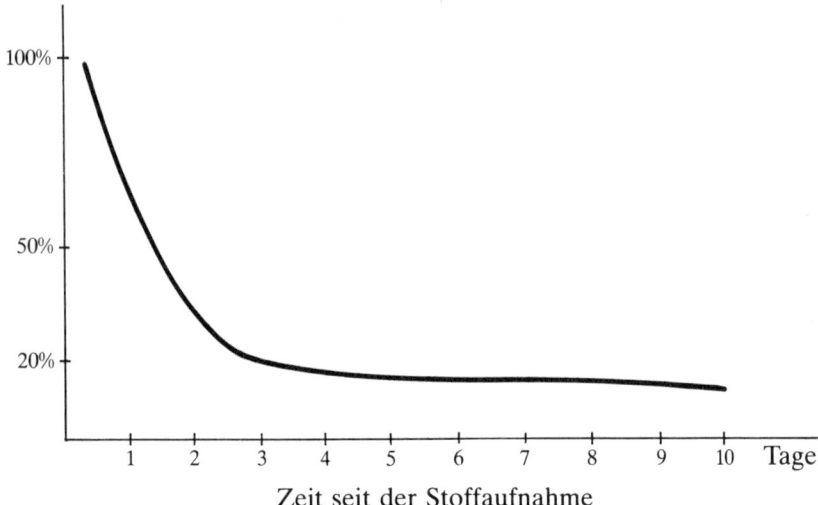

Behaltensmenge

Zeit seit der Stoffaufnahme

Abb. 14: Vergessenskurve (nach Ebbinghaus 1885)

stoff ist, um so mehr und um so rascher wird nach der Informationsaufnahme vergessen. Wie der Verlauf der Vergessenskurve (s. Abb. 14) zeigt, bleibt nach wenigen Tagen nur noch rund 20% des Gelernten übrig. Im weiteren Zeitverlauf wird immer weniger und langsamer vergessen. Die Kurve nähert sich asymptotisch der Zeitachse. Nachdem der Gedächtnisforscher *Ebbinghaus* im Jahre 1885 seine erste Studie über die Vergessenskurve veröffentlicht hatte, wurde die exponentielle Form der Vergessensfunktion in vielen Experimenten immer wieder bestätigt (*Kintsch* 1982, S. 46 ff.). Mathematisch ausgedrückt, lautet das Vergessensgesetz: Der Lernstoff nimmt mit dem Logarithmus der Zeit ab.

Die Vergessenskurve ist kein ehernes Gesetz. Sie nimmt diese exponentielle Form nur an, wenn keine Wiederholungen erfolgen. Wird ein Lernstoff systematisch wiederholt, wie es *Jost* (1897) in seinen Lernexperimenten nachgewiesen hatte, treten nur relativ geringe Gedächtnisverluste ein.

Die erste Wiederholung eines Lernstoffes sollte gleich nach der ersten Informationsaufnahme, etwa in den ersten 10 Minuten, erfolgen. Dadurch wird die Proteinsynthese bei der Herstellung der Gedächtnismoleküle gefördert. Die zweite Wiederholung ist einen Tag später durchzuführen, wozu ein paar wenige Minuten genügen. Eine dritte kurze

Wiederholung ist eine Woche später notwendig. Diese wirkt sich auf die Gedächtnisspur so stabilisierend aus, daß mit der nächsten, vierten Wiederholung ein Monat gewartet werden kann. Die letzte Wiederholung sollte nach einem halben Jahr erfolgen. Man könnte die Lehr-Lern-Regel des systematischen Wiederholens auch kurz und bündig so formulieren: Lernstoff anfangs häufiger und dann in immer größeren Zeitabständen wiederholen!

Das Wiederholungslernen sollte im Unterricht intensiv gepflegt und schon bei der Unterrichtsplanung und Unterrichtsvorbereitung besonders berücksichtigt werden. Es ist ratsam, ins Wiederholungsprogramm nur jenen Lernstoff einzubeziehen, der für das Weiterlernen bedeutsam ist: Lernstoff also, der im Falle, daß er nicht begriffen und behalten wird, gravierende kumulative Lücken verursacht. Beispiele hierfür sind algebraische Regeln, Zeiten, unregelmäßige Verben, chemische Grundbegriffe. Die Wiederholungen selbst dürfen nicht zu mechanisch und stereotyp durchgeführt werden. Formwechsel ist auch hier geboten. Um Übungssättigung zu vermeiden, sollte nicht zu lange auf einmal wiederholt werden. „Häufige Kurzübungen sind wirksamer als seltene, lange Wiederholungen" (*Eisenhut/Heigl/Zöpfl* 1981, S. 77).

Neben dem vorbeugenden Wiederholungslernen gibt es auch das „therapeutische" Wiederholungslernen. Angewandt wird es, wenn eine ganze Klasse in einer Mißerfolgsserie steckt und größere Leistungsrückstände aufweist. Voraussetzung ist eine Fehleranalyse, die eine genaue Diagnose der wesentlichen Stofflücken zum Ziel hat (s. Abb. 15). Auf der Basis einer oder mehrerer Klassenarbeiten werden die Fehlerkategorien ausgezählt und die Fehlerschwerpunkte ermittelt. So wird ein Wiederholungsprogramm möglich, das gezielt bei den Fehlerschwerpunkten ansetzt. Kurze, tägliche Übungen bewirken oft schon in einigen Wochen ein wirksames Lückenschließen. Der Zeitaufwand der Fehleranalyse lohnt sich!

Der Rat, wichtigen Lernstoff regelmäßig zu wiederholen, gilt natürlich auch für Schüler. Ihn in die Lernpraxis umzusetzen, bereitet nach den Ergebnissen meiner Lernverhaltensbefragung enorme Schwierigkeiten. Nur 5% gaben an, regelmäßig alten Stoff zu wiederholen. 32% tun dies manchmal und 63% überhaupt nicht.

Der Widerwillen gegen das Wiederholungslernen kann schon dadurch abgebaut werden, daß Schülern der unterschiedliche Zeitaufwand des Erstlernens und Wiederlernens verdeutlicht wird. Zum Wiederauffrischen genügt meist nur eine kurze Lernphase. Die Befürchtung, beim Wieder-

Fehlerkategorien	Fehlerhäufigkeit
Schärfung	
Dehnung	
Verwechslung klangähnlicher Vokale	
Verwechslung klangähnlicher Konsonanten	
s – ss – ß	
Groß- und Klein- schreibung	
Zusammen- und Getrenntschreibung	
Satzzeichen	
Silbentrennung	
Auslassung von Buchstaben – falsche Buchstabenfolge	

Abb. 15: Beispiel eines Schemas zur Analyse von Rechtschreibfehlern

holen viel Zeit zu verlieren oder übersättigt zu werden, ist unbegründet. Außerdem muß noch eine zweite Fehleinstellung korrigiert werden. Schüler meinen oft, sie müßten den gesamten Stoff wiederholen, was letztlich die Motivation blockiert und entmutigt. Wenn ihnen klargemacht wird, daß hauptsächlich das Wichtige, Wesentliche oder Schwierige zu wiederholen ist, steigt die Übungsbereitschaft. Diese Art des Wiederholens wird sehr erleichtert, wenn beim Erstlernen die für das Wiederholungslernen relevanten Stoffinhalte gekennzeichnet werden. Und zwar mit Hilfe von Randzeichen, Unterstreichungen oder Leuchtmarkierungen. Vorsicht bei Schulbüchern – dort nur mit dem Bleistift kennzeichnen!

Schließlich läßt sich das an Fehlerschwerpunkten orientierte, „therapeutische" Wiederholen ebenso ins häusliche Lernen umsetzen. Nach schlecht ausgefallenen Klassenarbeiten schadet es nicht, genauer festzustellen, welche Fehlerarten am häufigsten vorgekommen sind. Eine solche Fehlerstatistik wird zu einem Wiederholungsprogramm, das in den folgenden Wochen zum Fehlerabbau durchgeführt wird. Zur Kontrolle und Selbstverstärkung kommt jedesmal, wenn ein Fehlerschwerpunkt bearbeitet worden ist, ein Häkchen dahinter.

Die Motivation, regelmäßiger alten Lernstoff zu wiederholen, läßt sich auch durch den Einsatz des Lernkarteisystems nach *Leitner* (1972) verbessern (s. Abb. 16). Man überträgt Lernstoff auf DIN A 7-Karteikarten, indem auf die Vorderseite beispielsweise ein deutschsprachiges Wort und auf die Rückseite die fremdsprachige Vokabel kommt. Ebenso kann auf die Vorderseite eine zu jedem beliebigen Stoff formulierte Frage und auf die Rückseite die entsprechende Antwort geschrieben werden.

Zusätzlich benötigt man einen Karteikasten, der in zunehmend größere Fächer unterteilt wird. Hat sich im ersten Fach eine bestimmte Kartenmenge angesammelt, werden diese selbstprüfend kontrolliert. Die richtig beantworteten Karten wandern ins zweite Fach, die falsch oder nicht beantworteten bleiben im ersten Fach und werden so lange wiederholt, bis es leer ist. Diese Prozedur wird fortgesetzt, bis alle Karten im letzten Fach angelangt sind.

Das Lernkarteisystem wird von Schülern anfangs zwar als sehr anregend empfunden, nach einigen Wochen aber oft wieder aufgegeben. Hauptursache ist, daß zuviel Lernstoff kartiert wird und der rapide ansteigende Lernaufwand die Lernmotivation allmählich blockiert. Verhindert werden kann dies, wenn Schüler nur jenen Lernstoff in Karteiform bringen, der sich nach den ersten Selbstprüfungen als schwer merkbar herausstellt. Also nicht die ganze Vokabelreihe kartieren, sondern nur ein paar Stolperwörter!

Die individuelle Arbeit mit der Lernkartei kann im Unterricht eingeübt werden. Am besten eignet sich hierzu der in der Klasse 5 beginnende Fremdsprachenunterricht. Um den emotionalen Bezug zur Lernkarteime-

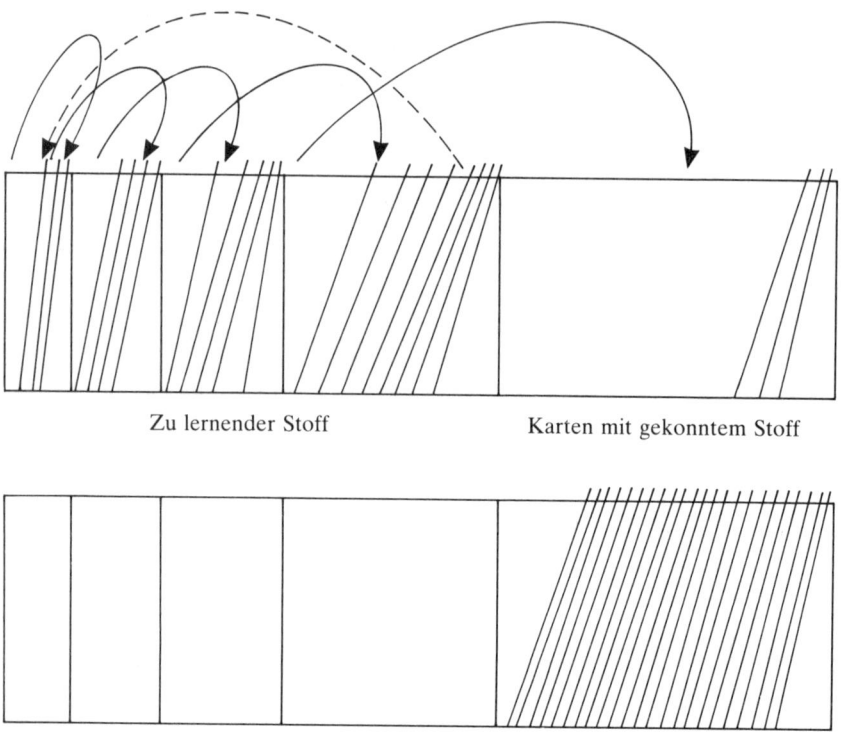

Zu lernender Stoff   Karten mit gekonntem Stoff

Abb. 16: Lernkarteisystem (nach Leitner 1972)

thode zu fördern, empfiehlt es sich, die Lernkarteikästen im Werkunterricht von den Schülern selbst herstellen zu lassen. Dann wird am Beispiel einer Vokabelreihe die Anwendung der Lernkarteimethode demonstriert und geübt. Die Schüler werden dazu ermuntert, diese Arbeit beim häuslichen Lernen fortzusetzen. Um ein baldiges Erlöschen dieses Verhaltens zu vermeiden, sollte man sie im Unterricht immer mal wieder schwierige Wörter auf Karteikarten übertragen lassen. Diese werden zu Hause in den Karteikasten eingeordnet. Schüler in unterrichtlichen Alleinarbeitsphasen Vokabeln mit der Lernkartei auch lernen zu lassen, ist sehr problematisch, da der Lernweg des lauten Aussprechens kaum benutzbar ist.

Es kann jedoch in Gemeinschaftsarbeit eine Klassenkartei aufgebaut werden. Immer wenn im Unterricht schwer merkbarer Stoff auftaucht (z. B. in Geschichte), wird er von einem Schüler in Frage-Antwort-Form auf eine Karte übertragen und in den Klassenkarteikasten gesteckt. Dieser wird dann zur unterrichtlichen Kurzwiederholung benutzt. Ein Schüler greift eine Karte heraus, liest die Frage vor und versucht sie zu beantworten. Falls die Antwort nicht stimmt oder nicht gewußt wird, kommt der nächste dran. Bei richtiger Beantwortung wandert die Karte weiter. Die Prozedur ist dieselbe wie beim individuellen Lernen.

4.5 Gedächtnisstützen

Die Verwendung von Gedächtnisstützen, in der Wissenschaft Mnemotechnik und im Volksmund Eselsbrücken genannt, ist so alt wie das menschliche Lernen. Ganz gleich, welche mnemonische Technik benutzt wird, das Prinzip ist immer dasselbe: Schwer merkbarer Lernstoff wird mit einfachen Vorstellungsinhalten verknüpft.
Wendet man die Erkenntnisse *Sperrys* (s. *Ornstein* 1975) über die unterschiedlichen Funktionsweisen der linken und rechten Gehirnhälfte (s. Abb. 17) auf die Mnemotechnik an, so läßt sich der Prozeß der Merkhilfe folgendermaßen erklären: Verbal kompliziert verschlüsselte Lerninhalte, die in der gedächtnismäßig unterlegenen linken Gehirnhälfte ankommen,

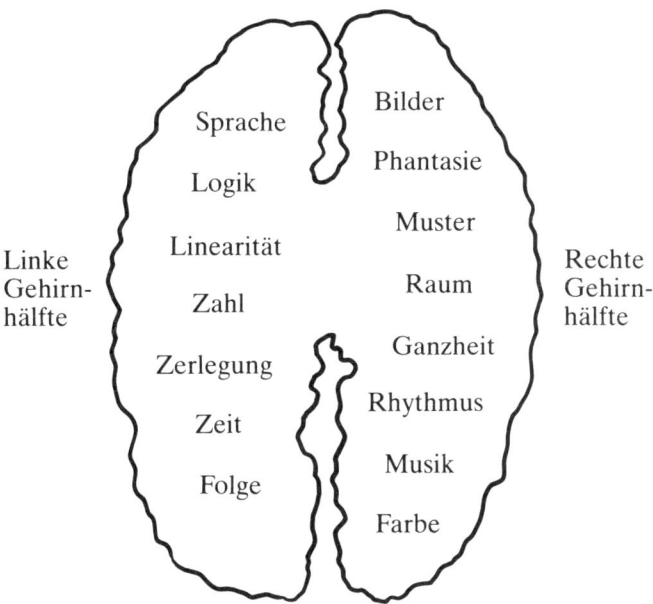

Abb. 17: Funktionsweisen der linken und rechten Gehirnhälfte

werden mit Gedächtnisinhalten der rechten Gehirnhälfte (Bilder, Rhythmen, Reime usw.) assoziiert und somit vor raschem Vergessen bewahrt. Die Mnemotechnik erleichtert also nicht nur das Behalten, „sondern trägt auch dazu bei, die Funktion der rechten und linken Hemisphäre zu integrieren" (*Russel* 1982, S. 167).

Die Integration von links- und rechtshemisphärischen Lernprozessen kann bereits im Stadium der unterrichtlichen Stoffvermittlung gefördert werden. Dabei geht es vor allem darum, die verbal-abstrakte Verschlüsselung von Lerninhalten abzubauen. Beispiele für Lehrformen, die die rechte Gehirnhälfte aktivieren, sind:

- originelle, vorstellungskräftige Schlüsselwörter zu verwenden,
- die sprachlichen Ausführungen mit Gestik, Mimik, Körpersprache zu begleiten,
- den Unterrichtsstoff rhythmisch vorzutragen,
- zeichnerische, skizzierende, farbige Darstellungen einzusetzen,
- witzige, humorige, karikierende Verdeutlichungen zu gebrauchen,
- Imagination und Phantasie gezielt anzuregen,
- Lern- und Rollenspiele durchzuführen,
- entspannende, angenehme Unterrichtsatmosphäre zu schaffen.

Die Erkenntnisse und Empfehlungen zum rechtshemisphärischen Lernen sind bisher in der Suggestopädie *Lozanovs* bzw. im Superlearning am konsequentesten umgesetzt worden (s. *Schuster/Gritton* 1986). Durch die kombinierte Anwendung von Entspannungsverfahren, musikalisch-rhythmischer Darbietung, Mnemotechniken und systematischem Wiederholungslernen sind vor allem beim Fremdsprachenlernen frappierende Erfolge erzielt worden.

Gedächtnisstützen müßte der Schüler auch beim selbständigen Lernen anwenden. Aber nur ein Fünftel, so ein Resultat meiner Lernverhaltensbefragung in der Sekundarstufe I, macht von den Potentialen der rechten Gehirnhälfte regen und regelmäßigen Gebrauch. Deshalb dürfen Mnemotechniken in Lernfördermaßnahmen nicht fehlen. Sie sollten an stoffbezogenen Lernaufgaben so weit eingeübt werden, daß sie in der häuslichen Lernarbeit angewandt werden können.

Besonders zu empfehlen und zu trainieren ist das Bebildern von Lernstoff. Schwer einprägbare Textpassagen, Begriffe, Fachwörter werden mit Zeichnungen und Skizzen verknüpft. Das selbsttätige Bebildern ist dabei dem Verwenden von Lehrbuchbildern vorzuziehen, weil am Gedächtnisprozeß auch der Lernweg Handeln beteiligt ist. Das nachstehende Beispiel zeigt, wie das Merken komplizierter biologischer Wörter durch Skizzen unterstützt wird.

Staphylokokken (= traubenförmige Bakterien)

Streptokokken (=kettenförmige Bakterien)

Spirillen (= spiralförmige Bakterien)

Kokken (= kugelförmige Bakterien)

Vibrionen (= kommaförmige Bakterien)

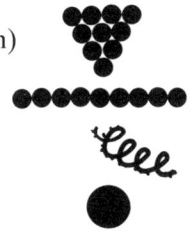

Eine andere, Schülern sehr bekannte Mnemotechnik besteht darin, den Lernstoff in Reimform zu bringen. Die gedächtnispsychologische Begründung: „Phonemisch ähnliche Worte verschiedener Bedeutung steuern im Netzwerk des Wissens die gleiche Stelle an" (*Metzig/Schuster* 1982, S. 81).

Brigach und Breg
bringen die Donau zuweg.

Sieben, fünf, drei
Rom kroch aus dem Ei.

Nach si, nisi, ne und num
fällt das ali um.

Nach l, n, r das merk ja,
steht nie tz und nie ck.

Das Sprungbein und das Fersenbein,
sie wollten in den Kahn hinein,
da bekamen dreimal Keile sie,
von dem bösen Würfelbein.

Die Anfangsbuchstaben wichtiger Begriffe eines Lernstoffes zu einem leicht merkbaren Wort zu synthetisieren, ist ebenfalls eine wirksame Gedächtnisstütze. So lassen sich die im Ohmschen Gesetz vorkommenden Begriffe Spannung (U), Stromstärke (I) und Widerstand (R) durch das Merkwort „URI" (Schweizer Kanton) besser behalten. Und die Reihenfolge der drei Mittelohrknöchelchen *Hammer-Amboß-Steigbügel* kann man sich ganz leicht mittels der Eselsbrücke HAS (wie der Hase) merken. Trotz der Tatsache, daß Mnemotechniken das Lernen erleichtern helfen, sollten sie nicht übermäßig gebraucht werden. Die Gefahr besteht, daß sonst zu assoziativ gelernt wird und das Verstehen und Begreifen zu kurz kommen. Sie sollten vor allem dort eingesetzt werden, wo sich wichtiger, bereits verstandener Lernstoff als schwer einprägbar erweist.

4.6 Funktionsübungen

Ähnlich wie Muskeln durch mangelnden Gebrauch schwinden, können auch psychische Funktionen wie das Gedächtnis durch fehlende Übung verkümmern. Dies ist die Grundannahme, auf der psychologische Funktionsübungskonzepte beruhen. Obwohl empirisch bisher nur spärlich verifiziert, erscheint sie aufgrund schulpsychologischer Praxiserfahrungen plausibel. Denn aus den Fallanalysen merkschwieriger Schüler ist nicht selten der Schluß zu ziehen, daß die Symptomentstehung durch Übungsmangel, der oft bis in die Vorschulzeit zurückreicht, mitbedingt ist. Auffällig ist, daß das mangelnde Funktionstraining oft mit einem überbehütenden, unterfordernden Erziehungsstil zusammenhängt.
Es müßte eine grundlegende Entwicklungsaufgabe sein, die Gedächtnisfunktion bereits in der Vor- und Grundschulzeit gezielt zu schulen. Die Funktionsschulung ist nicht mit der Vermittlung von Gedächtnisstrategien zu verwechseln. Ihr Ziel ist es, die Gedächtnisfunktion durch regelmäßigen Gebrauch zu stärken. Sie profitiert von der Funktionslust des Kindes bzw. der Freude, die aus der Tätigkeit selbst resultiert. Am besten eignen sich: Memory-Spiele, Kim-Spiele, Gedichte und Lieder lernen, Merk-Lernspiele sowie alltagsbezogene Merkaufgaben.
Die Gedächtnisfunktion läßt sich in der Lernförderarbeit mit älteren Schülern ebenfalls trainieren und stärken. Einen Beitrag hierzu leistet auch auf dieser Altersstufe das nicht pervertierte Auswendiglernen von Gedichten und Liedern. Der Schwerpunkt sollte jedoch auf allgemeinen und fachbezogenen Merk-Lernspielen liegen. Am Ende dieses Teilkapitels wird auf Materialien hingewiesen, die Anleitungen und Übungsaufgaben zur unterrichtlichen Umsetzung enthalten.
Fürs individuelle häusliche Training sind vor allem Erinnerungstests zu empfehlen. Ein Lernstoff wird schriftlich in Stichworten wiedergegeben. Danach wird die Erinnerungsleistung beurteilt, indem der Stichworttext

mit dem Lerntext verglichen wird. Eine andere Testvariante kann darin bestehen, gezielt zu erinnern, was man in der Tagesschau gesehen, in den Radionachrichten gehört oder auf dem Schulweg beobachtet hat. Funktionsübungen zeitigen über die Gedächtnisstärkung hinaus einen wichtigen Zusatzeffekt. Sie verschaffen mißerfolgsmotivierten und resignativen Schülern Erfolgserlebnisse, die ermutigend wirken und das Selbstwertgefühl erhöhen. Diese Erfahrung des Doch-etwas-Könnens hilft lern- und gedächtnishemmende Mißerfolgseinstellungen abbauen.

Die Funktionsschulung darf trotz wichtiger Trainingseffekte in der Lernförderung nicht übertrieben werden. Ansonsten treten lernhemmende psychische Sättigungserscheinungen auf. Und außerdem kommt die zum intelligenten Lernen führende Aneignung von Gedächtnisstrategien zu kurz.

Stichwort: **Wer bin ich**

Ziel: Kombinieren, Behalten, Wiederholen

Fächer: Geschichte, Wirtschaft/Politik, Kunst

Klassenstufe: Ab 5

Voraussetzung: Kenntnisse über die zu ratenden Personen

Sozialform: Gruppen

Zeit: 20 Minuten

Material: Keines

Vorbereitung: Keine

Durchführung: Die Schüler setzen sich gruppenweise zusammen. Ein Schüler innerhalb jeder Gruppe denkt sich eine Persönlichkeit aus den letzten Geschichtsstunden (Epochen bei Kunst, zeitgen. Politiker bei Wirtschaft/Politik). Die übrigen Schüler stellen nun innerhalb ihrer Gruppe Fragen mit dem Ziel, die gedachte Person zu erraten. Der Schüler, der sich die Persönlichkeit ausgesucht hat, darf nur mit „ja" oder mit „nein" antworten. Bei jedem „Nein" fragt der nächste Schüler weiter. Der Schüler, der die Lösung findet, denkt sich nun eine weitere Persönlichkeit.

Abb.18: Lernspiel zur Übung der Gedächtnisfunktion (aus Pallasch/Zopf 1981)

Verzeichnis gedächtnisfördernder Übungsmaterialien

Beyer, G.: Gedächtnis- und Konzentrationstraining. München: Humboldt 1977.
In diesem Buch sind 100 Gedächtnisübungen systematisch steigenden Schwierigkeitsgrades zu finden. Die Gedächtniserfolge lassen sich mit Hilfe eines Punktsystems feststellen und kontrollieren. Es ist in der Übungsarbeit mit Schülern ab 14 Jahren einsetzbar.

Beyer, G.: So lernen Schüler leichter. Freude am Lernen durch Gedächtnis- und Konzentrationstraining. Düsseldorf: Econ 1984.
Das Buch enthält zahlreiche allgemeine und schulstoffbezogene Gedächtnisübungen. Kontrolltests ermöglichen eine rasche Prüfung des Gedächtniserfolges. Geeignet ist es vor allem für Klassen 3 bis 6.

Buzan, T.: Nichts vergessen! Kopftraining für ein Supergedächtnis. München: Goldmann 1990[3].
Es handelt sich um ein systematisch aufgebautes Programm, das in den Sekundarstufen I und II eingesetzt werden kann.

Klampfl-Lehmann, I.: Der Schlüssel zum besseren Gedächtnis. München: Delphin 1987[3].
Obwohl sich das Buch an Erwachsene wendet, eignen sich viele Übungen für die Gedächtnisförderung in den Sekundarstufen I und II.

Pallasch, W./Zopf, D.: Methodix. Bausteine für den Unterricht. Weinheim und Basel: Beltz 1980.

Pallasch, W./Zopf, D.: Praktix. Bausteine für den Unterricht II. Weinheim und Basel: Beltz 1981.
Beide Bücher zeigen auf, wie Unterrichtsstoff lebendig und spielerisch vermittelt werden kann. Ein Teil der fachübergreifenden und fallbezogenen Übungen kann auch zur Schulung der Gedächtnisfunktion eingesetzt werden (s. Abb. 18). Zielgruppen sind Schüler der Grundschule und der Sekundarstufe I.

Regelein, S.: Lernspiele für die Grundschule. Ansbach: Prögel 1982.
Das Buch ist eine sehr umfangreiche Sammlung fachübergreifender und fachbezogener Lernspiele. Ein Teil davon kann zum Gedächtnistraining in der Grundschule verwendet werden.

Werneck, T./Heidack, C.: Gedächtnistraining. München: Heyne 1983.
Das Trainingsbuch besteht aus zahlreichen Merkübungen und Kontrolltests. Viele davon lassen sich direkt zur Funktionsschulung einsetzen. Es eignet sich vor allem für die Sekundarstufe II.

Vester, F./Beyer, G./Hirschfeld, M.: Aufmerksamkeitstraining in der Schule. Heidelberg: Quelle & Meyer 1983[2].
Obwohl das Trainingsprogramm primär für die Konzentrationsförderung verfaßt worden ist, enthält es auch pädagogisch-didaktisch ausführlich erläuterte und praktisch leicht umsetzbare Funktionsübungen. Zielgruppen sind Grundschüler und die Sekundarstufe I.

5. Konzentrationsförderung

Konzentration ist die Fähigkeit, einem Lernstoff eine Zeitlang ungeteilte Aufmerksamkeit zu schenken. Beim Konzentrieren wird die Aufmerksamkeit auf einen eng umgrenzten Bereich des Wahrnehmungs- und Bewußtseinsfeldes gelenkt. Reize und Vorstellungen, die außerhalb des Aufmerksamkeitsfeldes liegen, werden weitgehend ausgeblendet. Die optimale Konzentrationsspanne bzw. Aufmerksamkeitsdauer ist nicht sehr lange. Bei Grundschülern beträgt sie 15–20 Minuten, bei Schülern der Sekundarstufe 20–30 Minuten.

Die Begriffe Konzentration und Aufmerksamkeit werden oft synonym gebraucht. *Rapp* (1982) sieht zwischen den beiden psychischen Aktivitätsformen keinen prinzipiellen, sondern lediglich einen graduellen Unterschied. Konzentration ist für ihn eine „Steigerungsform der Aufmerksamkeit" (S. 47).

Die Konzentrationsfähigkeit bildet sich erst im Laufe der Entwicklung aus. Jüngere Kinder tendieren dazu, sich von äußeren und inneren Reizen steuern und lenken zu lassen. Diese unwillkürliche und pathische Form der Konzentration wird dann immer mehr abgebaut, und zwar zugunsten einer willentlichen und zielgerichteten Aufmerksamkeitssteuerung. „So können sich Kinder im Verlauf des Grundschulalters zunehmend besser auf aufgabenrelevante, ‚wichtige' Aspekte konzentrieren und ablenkende Informationen ignorieren" (*Wagner* 1981, S. 32). Endergebnis dieses von der Ich-Entwicklung und Erziehung stark abhängigen Prozesses ist die relativ selbstgesteuerte Aufmerksamkeits- und Konzentrationsleistung.

Daß das Aufmerken und Konzentrieren Schülern ganz besondere Schwierigkeiten bereitet, wird in den pädagogisch-psychologischen Studien immer wieder herausgefunden (s. *Spandl* 1980; *Rapp* 1982). Und auch in schulpsychologischen Fallakten dominieren Symptombeschreibungen wie Tagträumen, Unaufmerksamkeit, Trödeln, Zappeligkeit, Flüchtigkeit, mangelndes Durchhaltevermögen die Verhaltensbilder. Es sei jedoch gewarnt, mangelnde Konzentrationsverhaltensweisen vorschnell der Kategorie „Konzentrationsstörung" zuzuordnen. Nur wenn ein Schüler diese Mängel ständig zeigt und meistens unter der altersspezifischen Konzentrationsspanne liegt, besteht der Verdacht auf eine Konzentrationsstörung. In diesem Falle müßte eine medizinisch-psychologische Ursachenklärung mit entsprechenden therapeutischen Maßnahmen erfolgen. Am besten sollte dies der Schulpsychologe tun, in Kooperation mit einem Arzt.

Legt man an die Beurteilung der Konzentrationsproblematik die beiden oben erwähnten Kriterien an, ist der Anteil gravierender Konzentrationsstörungen bei weitem nicht so hoch, wie er in den Medien oft übertrieben dargestellt wird. Bei dem überwiegenden Teil handelt es sich um Konzentrationsschwierigkeiten, die durch Lernförderung verhindert oder zumindest abgebaut werden können.

Ein wichtiges Stück Konzentrationsförderung ist bereits durch eine gute Lernmotivierung sowie durch ein günstiges emotionales Unterrichtsklima leistbar (s. Kap. 2). Auch naturgemäßeres, die körperliche Entspannung berücksichtigendes Lernverhalten trägt zur Vorbeugung von Konzentrationsschwierigkeiten bei (s. Kap. 3). Und ein dritter Weg, der in diesem Kapitel aufgezeigt wird, ist die Anwendung von Konzentrationsstrategien sowie das Üben der Konzentrationsfunktion.

5.1 Lernpausen

Wenn Schüler im Laufe einer Unterrichtsstunde oder einer Hausaufgabe Konzentrationsmängel zeigen, ist dies nicht verwunderlich. Die mittlere Dauer der aktiven Konzentrationsleistung ist begrenzter, als Lehrer und Eltern annehmen. Sie beträgt nach *Galperin* (1967) bei

5– 7jährigen 15 Minuten,
7–10jährigen 20 Minuten,
10–12jährigen 25 Minuten,
12–15jährigen 30 Minuten.

Der Hauptgrund für die auch bei älteren Schülern relativ knappe Konzentrationsspanne sind Leistungs- und Funktionsminderungen. Genauso wie bei körperlicher Arbeit eine Ermüdung der Muskeln eintritt, kommt es bei starker geistig-seelischer Beanspruchung zu Ermüdungserscheinungen. Folgen dieser psychischen Ermüdung sind gedankliches Abschweifen, Ablenkbarkeit durch „stoffremde" Reize, Langeweile, Anstieg von Wahrnehmungs- und Denkfehlern sowie ein Rückgang der Leistungsmenge. Zum einen wird die psychische Ermüdung zurückgeführt auf erhöhten Sauerstoffverbrauch, der im beim Lernen besonders beanspruchten Großhirn außergewöhnlich groß ist. Obwohl das Großhirn nur 2% des Körpergewichtes ausmacht, benötigt es 20% der 20 000 Liter

76

Sauerstoff, die pro Tag verbraucht werden. Eine weitere Ermüdungsursache sind reversible physikalisch-chemische Störungen in den Zellen der Großhirnrinde, die sich in Form von Hemmungsprozessen zuerst in der Großhirnrinde und im gesamten Nervensystem ausbreiten.

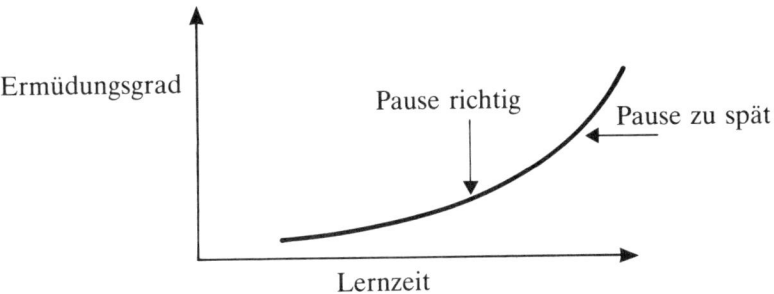

Abb. 19: Pausen-Zeitpunkt und Ermüdungsgrad (nach Löhr/Preiser 1979, S. 171)

Die Tatsache, daß eine volle konzentrative Beanspruchung von nicht allzu langer Dauer ist, sollte beim Unterrichten berücksichtigt werden. Dies heißt nicht, daß man Schüler unterfordern soll. Aber man kann kaum erwarten, daß sie 45 Minuten lang einer Stoffdarbietung mit gleichbleibender Aufmerksamkeit folgen können. Die einfache Konsequenz daraus lautet: im Unterricht Entspannungsphasen einlegen. Während dieser Kurzpausen könnte man mit der Klasse eine kleine Körperentspannung durchführen (s. u.), durch Humor und Witz emotionale Lockerung betreiben oder ganz einfach Gelegenheit zum Ausschnaufen geben. Eine flankierende Maßnahme wäre das Lüften, um dem Sauerstoffmangel abzuhelfen. Im Mathematik- und Fremdsprachenunterricht sollte das Pausen-Machen besonders ernst genommen werden, da in diesen Fächern der Ermüdungskoeffizient am höchsten ist (*Hartung* 1974).

Mit den Pausen darf nicht zu lange gewartet werden, weil nach der ersten Konzentrationsspanne die Ermüdung plötzlich und steil ansteigt, und durch Kurzpausen kann mehr ausgeglichen werden (s. Abb. 19). Darüber hinaus ist es auch ratsam, konzentrationsschwierige Lehrphasen in die erste Stundenhälfte zu plazieren.

„Manche Unterrichtsstunden haben charakteristische Spannungsverläufe, die von der Konzeption her schon angelegt sind: nach einer anfänglichen Einstimmungsphase kann die Motivierung, die Konzentrierung auf einen bestimmten Sachverhalt, eine Problemsituation usw. kommen, und in einer abschließenden Phase des Übens und Anwendens kann die Anspannung wieder abflauen" (*Rapp* 1982, S. 108).

Pausen sollen zweifellos auch beim häuslichen Lernen eingelegt werden. Denn dort besteht ebenso die Gefahr, daß durch eine Überdehnung der Konzentrationsspanne das Anspannungs-Entspannungs-Gleichgewicht zerstört wird. Oft merken Schüler Ermüdungserscheinungen nicht rechtzeitig, können nach dem abrupten Ermüdungsanstieg nicht mehr gegensteuern und brechen den Lernvorgang ab. Es scheint allerdings so zu sein, daß Schüler den Wechsel von Anspannung und Entspannung häufiger praktizieren als in Lerntechnikbüchern angenommen. In meiner Lernverhaltensbefragung behaupteten immerhin 60% der Sekundarstufe-I-Schüler, den Lernprozeß durch Pausen immer wieder zu unterbrechen, um der Ermüdung vorzubeugen.

Wenn mit Schülern das Thema Lernpausen besprochen wird, stellen sie häufig die Frage, wie lange die Pausen sein sollen. Als Faustregel kann man empfehlen: Je länger die bisher verbrachte Lernzeit, desto größer die Pause. Etwas differenzierter ist dieser Vorschlag:

Pausenart	Bisherige Arbeitsdauer	Pausendauer	Pausentätigkeit
Minipause	20–30 Minuten	2–5 Minuten	z. B. Fenster öffnen und frische Luft atmen
Maxipause	1½–2 Stunden	15–20 Minuten	z. B. Tee trinken
Erholungs-pause	3 Stunden	1–2½ Stunden	z. B. Spaziergang machen

Auch Schüler sollten darauf achten, sich in der Pause wirklich auch zu entspannen und neuen Sauerstoff zu „tanken". Lernstoffnahe Tätigkeiten, wie zum Beispiel das Nachschlagen in einem Lexikon, sollten vermieden werden.

Pausen sollten während der tagesrhythmischen Tiefzeiten (s. Kap. 2.4) häufiger als gewöhnlich eingelegt werden. Dies gilt vor allem für die Mittagssenke zwischen 13 und 15.30 Uhr!

Wer beim Lernen regelmäßig Pausen macht, profitiert auch von der Pausen-Erwartungs-Wirkung. Die Gewißheit, bald entspannen zu können, mobilisiert noch einmal konzentrative Energien und kann zwischenzeitige Leistungsminderungen wettmachen.

Das Einlegen von Lernpausen trägt nicht nur zur Erhaltung des Anspannungs-Entspannungs-Gleichgewichts bei. Es ist auch, wie bereits im Kapitel Gedächtnis dargestellt, ein guter Schutz gegen voraus- und rückwirkende Gedächtnishemmungen.

Beispiel einer entspannenden Lernpause

Die folgende Übung bietet sich nach einer konzentrativ schwierigen Unterrichtsphase zur Wiederherstellung des Anspannungs-Entspannungs-Gleichgewichts an. Sie kann auch beim häuslichen Lernen zum Streßabbau eingesetzt werden.

Schritt 1: Verschränkt die Hände hinter dem Kopf und drückt die Ellbogen weit nach hinten.
Bleibt in dieser Stellung und zählt langsam bis fünf.
Jetzt loslassen und die angespannten Muskeln lockern.

Schritt 2: Atmet tief ein, haltet die Luft an, strafft und preßt dabei eure Bauchmuskeln.
Bleibt in dieser Stellung und zählt bis fünf.
Jetzt ausatmen und die angespannten Muskeln lockern.

Schritt 3: Streckt die Beine nach vorn und drückt die Fußspitzen nach unten, bis ihr ein leichtes Ziehen verspürt.
Bleibt in dieser Stellung und zählt langsam bis fünf.
Jetzt loslassen und die angespannten Muskeln lockern.

Schritt 4: Laßt die Arme schlaff herunterhängen, den Kopf nach vorne hängen und schließt die Augen.
Atmet ruhig ein und aus.
Jeder sagt innerlich zu sich: „Ich bin ruhig und entspannt."
Bleibt in dieser Stellung, bis ich euch ein Zeichen gebe.

Schritt 5: (nach zwei Minuten)
Öffnet die Augen.
Kehrt in die Ausgangslage zurück.
Schüttelt die Arme aus.

5.2 Lernstoffwechsel

An Konzentrationsschwierigkeiten kann auch psychische Sättigung beteiligt sein. Sie tritt auf, wenn ein und derselbe Lernstoff zu lange dargeboten oder bearbeitet wird. Diese Reizmonotonie verringert die Aktivierung der Großhirnrinde. Verantwortlich dafür ist die aufsteigende Formatio Reticularis, ein netzförmiges Nervengebilde im Hirnstamm und Rückenmark (s. Abb. 21). Auf alle neuen Reize, die über die sensorische Nervenbahn das retikuläre System passieren, reagiert dieser Wecker des Bewußtseins mit Impulsen, die in Richtung Großhirnrinde ausgesandt werden. Dort wird der für konzentrierte Geistestätigkeit nötige Erregungsgrad hergestellt. Werden die Reizgegebenheiten zu gleichförmig, nehmen die Wecktätigkeit und somit auch die Konzentration ab. Dieser Mechanismus darf jedoch nicht mißverstanden werden. Denn zu häufiger Reizwechsel, wie er beispielsweise von einem zu assoziativen, chaotischen Unterricht ausgeht, führt nämlich zu einer konzentrationsmindernden Überaktivierung (s. Abb. 20).

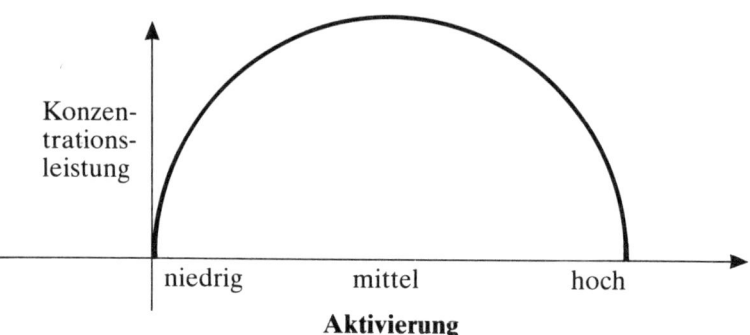

Abb. 20: *Zusammenhang zwischen Aktivierung und Konzentration*

Es gehört zur Unterrichtskunst, Lernstoff so zu vermitteln, daß das konzentrationsfördernde, mittlere Aktivierungsmaß entsteht. Eine interessante, den Aspektwechsel betonende Stoffdarbietung leistet hierzu bereits einen wichtigen Grundbeitrag. Positive Aktivation ist außerdem zu erreichen, wenn

- kurze Stoffwiederholungen eingebaut werden,
- zwischendurch Alltagsereignisse einbezogen oder angesprochen werden,

80

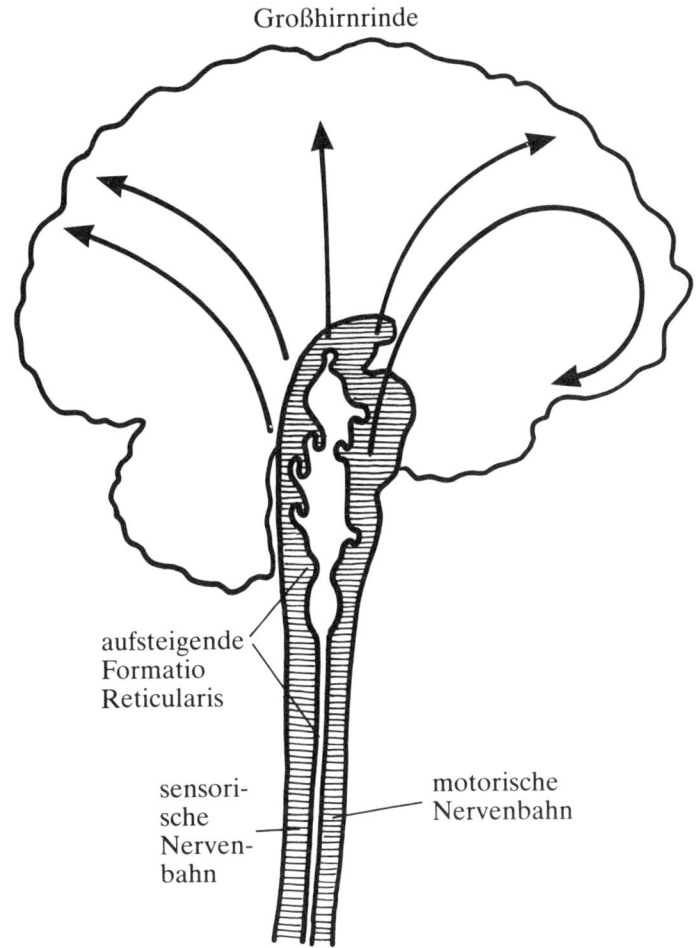

Großhirnrinde

aufsteigende
Formatio
Reticularis

sensori-
sche
Nerven-
bahn

motorische
Nervenbahn

Abb. 21: Das retikuläre Aktivationssystem

- Schüler Alltagsfragen stellen oder Alltagssorgen aussprechen dürfen,
- zwischendurch Witze und Anekdoten erzählt werden,
- ab und an Gedächtnis- und Konzentrationsübungen oder Denkspiele durchgeführt werden (s. Kap. 4.6 und 5.5).

Auch bei der Stundenplanorganisation müßten die Erkenntnisse zur Aktivierung und psychischen Sättigung berücksichtigt werden. Blockstunden sollten in sehr sparsamen Maße eingeplant werden. Wenn Lehrer im Blockunterricht nicht besondere Mühe auf Form- und Inhaltswechsel legen, wird die Konzentrationsleistung sehr stark gemindert. Ebenso sollte darauf geachtet werden, inhaltsähnliche Fächer möglichst nicht aufeinanderfolgen zu lassen. Und, falls möglich, sollten konzentrationsintensive Fächer in den frühen Vormittag plaziert werden, wo die Konzentrationsbereitschaft noch besonders günstig aussieht.

Lernstoffwechsel ist vor allem bei den Hausaufgaben geboten. Nur etwa ein Viertel der von mir befragten Sekundarschüler hält sich an diese Lernregel. Die Aktivation fällt ab, wenn zuerst Englisch und hinterher Französisch oder zuerst Mathematik und dann Physik gelernt wird. Die Hausaufgaben sollen so gereiht werden, daß keine zu ähnlichen Fächer hintereinander folgen. Wer den Lernstoffwechsel bisher nicht praktiziert und dadurch Sättigungs- und Konzentrationsprobleme bekommen hat, kann die Umgewöhnung durch kleine Aufgabenpläne unterstützen. Es wird kurz notiert, was in welcher Reihenfolge angepackt wird.

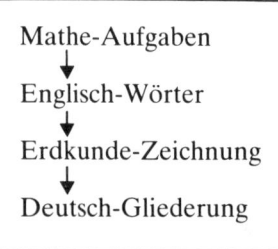

Wer sich nur mit einem Stoffgebiet beschäftigt, zum Beispiel vor Prüfungen, sollte es in Teilgebiete unterschiedlichen Inhalts aufteilen und diese entsprechend abwechseln. Ist das nicht möglich, müßten immer mal wieder stoffremde Tätigkeiten dazwischen geschoben werden (Verschnaufpausen, Musik-Hören, Gespräche etc.).

Im übrigen erzeugt auch der Lernstoffwechsel einen doppelten Effekt. Erstens wird Konzentrationsminderungen entgegengewirkt, und zweitens werden Ähnlichkeitshemmungen (s. Kap. 4.1) abgebaut.

5.3 Lernwegwechsel

Ebenso wie monotone Reizgegebenheiten kann eine zu lange Benutzung desselben Lernweges das Aktivationsniveau senken. Wird Lernstoff nur auf einem Sinneskanal aufgenommen, gibt die Formatio Reticularis immer weniger Weckimpulse ab. Die Folgen reichen von Unaufmerksamkeit bis hin zur Schläfrigkeit.

Wer über längere Zeit hinweg denselben Lernweg zur Vermittlung des Unterrichtsstoffes gebraucht, darf sich über Konzentrationsmängel nicht wundern. Eine Unterrichtsstunde hauptsächlich mit einem Vortrag zu bestreiten, ist psychisch genauso sättigend und aktivationsmindernd wie das Bearbeiten langer und einförmiger Übungsreihen. Um den Angeregtheits- und Wachheitsgrad der Großhirnrinde zu erhalten, muß der Lehrweg bzw. die Arbeitsform hin und wieder gewechselt werden (s. Abb. 22). „Der Wechsel der Arbeitsform bringt neue Aufgaben für den Schüler, was sein Interesse immer wieder erneut weckt und ihn zu konzentrierter Arbeit motiviert" (*Spandl* 1980, S. 93). Wird eine Lehrerdarbietung von einem Unterrichtsgespräch abgelöst, reagiert darauf das retikuläre System selbst des verschlafensten Schülers mit Weckimpulsen.

Um eine Überaktivierung zu vermeiden, darf auch der Formwechsel nicht übertrieben werden. Man sollte ihn so vornehmen, daß ein mittlerer Aktivierungsgrad erreicht wird. Ein wesentliches Kriterium für den Formwechsel ist nicht, wie in der Didaktik immer wieder empfohlen, das Lehrziel oder der Lerninhalt, sondern die Aufmerksamkeitssituation der Klasse. Je mehr Aufmerksamkeitsprobleme wahrgenommen werden,

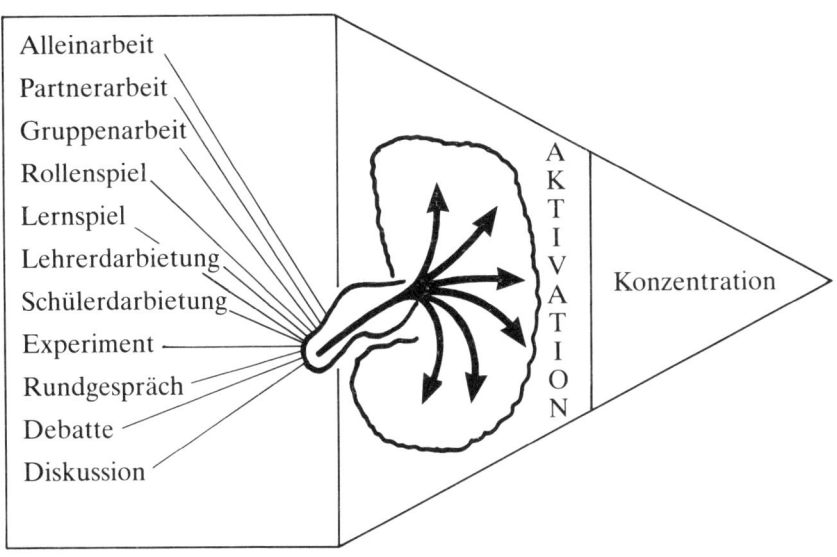

Abb. 22: Aktivierung durch Lehrwegwechsel

desto deutlicher ist dies als Signal der Schüler zu werten, den Lehrweg zu wechseln.

Wie bedeutend der Formwechsel ist, zeigt die Lehrerbefragung im Kapitel 7.4. Er erwies sich als die wichtigste Methode zur unterrichtlichen Lernförderung.

Am Symptombild konzentrationsschwieriger Schüler fällt bei schulpsychologischen Untersuchungen deutlich auf, daß sie einkanalig und monoton lernen (s. Kap. 4.2). Am häufigsten ist dies beim Textlernen der Fall. Sie versuchen den Textinhalt aufzunehmen, indem sie ihn mehrmals durchlesen. Oft schon beim zweiten Durchlesen, so ihre Selbstbeobachtungen, steigen Abschweifungen und Ablenkungen abrupt an. Der Grund: wegen der gleichförmigen Lernweise drosselt die Formatio Reticularis die Weckwirkung. Folge: dem Großhirn fällt die Aufmerksamkeitssteuerung zunehmend schwerer.

Den für das Konzentrieren nötigen Aktivierungsgrad erreicht der Schüler durch regelmäßigen Lernwegwechsel (s. Abb. 23). Der Unterricht bietet viele Gelegenheiten, den Lernwegwechsel anhand von Lerntexten so einzuüben, daß ein Transfer auf die häusliche Alleinarbeit zu erwarten ist. Auf die konzentrationsfördernden Aspekte des Lernwegwechsels kann

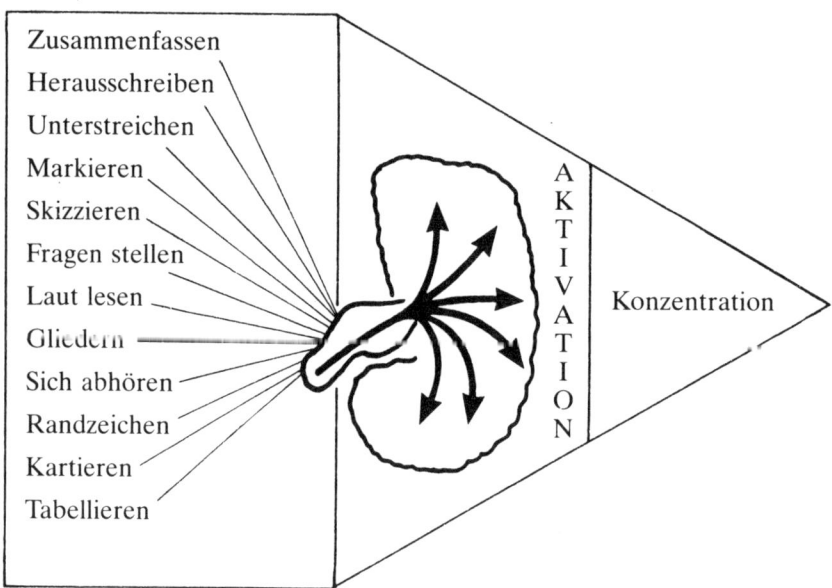

Abb. 23: Aktivierung durch Lernwegwechsel

schon eingegangen werden, wenn die mehrkanalige Verankerung von Gedächtnisinhalten behandelt wird (s. Kap. 4.2).

Thomas/Robinson (1972) haben für Schüler eine Textlernstrategie entwikkelt, die zum schrittweisen und mehrkanaligen Verarbeiten von Textinhalten anleitet. Sie wird PQ4R-Methode genannt:

- Vorprüfung (*Preview*): den Text zunächst mal durchlesen, um sich einen Einblick zu verschaffen
- Fragen (*Questions*): zu einzelnen Textstellen Fragen überlegen und möglichst notieren
- Lesen (*Read*): den Text gründlich lesen und durcharbeiten
- Nachdenken (*Reflect*): den Textinhalt durchdenken und zum bereits erworbenen Wissen in Bezug setzen
- Wiedergeben (*Recite*): versuchen, den Textinhalt zu erinnern und die anfangs gestellten Fragen zu beantworten. Bei Schwierigkeiten im Text nachlesen
- Rückblick (*Review*): den Textinhalt gedanklich wiederholen, Wesentliches memorieren und die Fragen noch einmal beantworten.

Diese Textlernstrategie ist nur ein Muster, das individuell variiert werden kann. An ihr soll aufgezeigt werden, wie viele Alternativen es zum konzentrationstötenden, einkanaligen Textlernen gibt.

5.4 Überlegtes Lernen

Konzentrationsschwierige Schüler bearbeiten Aufgaben oftmals übereilt, schnell und unüberlegt. Gut konzentrierbare tun dies meist überlegt, sorgfältig und bedachtsam. In der Pädagogischen Psychologie wird die eine Art von Problemlösen als impulsiver, unüberlegter und die andere als reflexiver, überlegter Lernstil bezeichnet (s. *Wagner* 1976). Der impulsive Lernstil wirkt sich bei leichten Lern- und Denkaufgaben kaum nachteilig aus. Steigt der Schwierigkeitsgrad jedoch an, kommt es zu einer Anhäufung von Flüchtigkeits- und Denkfehlern. Denn das Durchdenken, Testen und Kontrollieren von Lösungsalternativen wird stark vernachlässigt.

An der Entstehung des unüberlegten Lernstils sind impulsive, erwachsene Vorbilder in erheblichem Maße beteiligt. Deshalb wäre es Aufgabe unterrichtlicher Aufmerksamkeitsförderung, überlegtes Modellverhalten besonders zu pflegen. An erster Stelle ist ein Lehrtempo zu nennen, das sich nicht an dem Auffassungsvermögen der Klassenbesten orientiert, sondern an der „Gruppe der mittleren Schüler" (*Spandl* 1982, S. 111). Reflexivitätsfördernd wirkt es auch, wenn Ungeduld und Drängen in Abfragesituationen („Kommt's bald?") möglichst vermieden werden. Eine weitere Förderung des überlegten Lernens ist das systematische Einüben von Selbstinstruktionen. Diese Methode ist vom amerikanischen Verhaltenstherapeuten *Meichenbaum* (1977) in der Arbeit mit impulsiven Kindern erfolgreich angewandt worden. Die Selbstinstruktion ist nach *Meichenbaum* eine der wesentlichsten Quellen der Aufmerksamkeitssteuerung. Diese erwirbt das Kind im Prozeß der psychischen Entwicklung zunächst über offene Selbstinstruktionen, dann über verdeckte Selbstinstruktionen und schließlich über verdeckte, verkürzte Selbstgespräche. Letztere sind psychische Vermittlungsprozesse, die in einer Art geistiger Kurzschrift ablaufen, über weite Strecken automatisch, ohne instruktive Lenkung. Vor allem in Form von Impulsivität zutage tretende Konzentrationsschwierigkeiten können mit fehlenden oder falschen Selbstinstruktionen zusammenhängen. Infolgedessen zielt das Selbstinstruktionstraining darauf ab, negative Selbstinstruktionen abzubauen bzw. positive aufzubauen. Es läuft in fünf Schritten ab:

Schritt 1: Der Lehrer löst laut, sich selbst instruierend eine Aufgabe.

Schritt 2: Der Schüler löst die Aufgabe nach Instruktion des Lehrers.

Schritt 3: Der Schüler löst die Aufgabe, indem er sich selber laut instruiert.

Schritt 4: Der Schüler löst die Aufgabe, indem er sich halblaut instruiert.

Schritt 5: Der Schüler löst die Aufgabe, indem er sich verdeckt, nicht mehr hörbar instruiert.

Wagner (1984) hat *Meichenbaum*s Modell zu einem konkreten, umsetzbaren Unterrichtsprogramm fortentwickelt. Kernstück sind acht Selbstinstruktionen, die der Lehrer bei Aufgabenlösungen verwendet und die dann von den Schülern nachvollzogen werden:

● Aufgabenanalyse (z. B.: „Was ist genau meine Aufgabe?")
● Materialanalyse (z. B.: „Was habe ich hier alles?" „Was brauche ich?")
● Zielanalyse (z. B.: „Wo will ich hin?")
● Konfliktanalyse (z. B.: „Warum komme ich nicht weiter?")
● Formulierung von Teilzielen (z. B.: „Was ist der nächste Schritt?")

- Bewältigung von Frustrationen (z. B.: „Das kann ich wiedergutmachen.")
- Aufforderung zum Zeitlassen (z. B.: „Ich darf mir Zeit lassen.")
- Bewertung von (Teil-)Ergebnissen (z. B.: „Bis jetzt ist alles richtig.")

Strategien des überlegten Lernens braucht der Schüler auch und gerade bei Haus- und Klassenarbeiten. Ganz dringend benötigt er sie beim Lösen mathematisch-naturwissenschaftlicher Textaufgaben. Dort sind die Folgen des impulsiven, fehlerhaften Problemlösens besonders gravierend. *Keller* (1984, S. 75 ff.) gibt zum überlegten Textaufgabenlösen folgende Tips:

- Die Aufgabe genau durchlesen und wichtige Begriffe unterstreichen.
- Die Aufgabe analysieren: Was ist gegeben? Was ist gesucht?
- Abstraktes durch eine kleine Zeichnung darzustellen versuchen.
- Die Lösungs- bzw. Rechenschritte kurz vorskizzieren.
- Haupt- und Nebenrechnungen voneinander trennen.
- Frühzeitige Fehlervermeidung durch Kontrolle der Zwischenergebnisse.
- Das Endergebnis mit der Wirklichkeit vergleichen (Kann das sein?).

Ebenso notwendig sind gezielte Lösungsstrategien auch beim Aufsatzschreiben (s. Abb. 24), Übersetzen, Sprachverständnistest, Nacherzählen oder beim Beantworten von Sachfachfragen (s. *Keller* 1984). Auch hier soll der Schüler dazu angeleitet werden, Lösungsvorgänge in Teilschritte und Teilziele zu gliedern. Dadurch, daß er den Lösungsweg vorstrukturiert und mit Wegmarken kennzeichnet, läßt sich der Konzentrations- und Denkprozeß besser steuern. Gleichzeitig sind diese Wegmarken Haltezeichen, die zur Zwischenkontrolle und zum Fehlersuchen auffordern. Wichtig ist, im Fachunterricht Lösungsstrategien regelmäßig zu behandeln und ganz konkret am Beispiel von Lernaufgaben einzuüben. Nur so werden sie ins Denkrepertoire der Schüler übernommen und bei der Lösung von Haus- und Klassenaufgaben beachtet.

● Schreibe nicht gleich drauflos.
● Schreibe zunächst auf, was dir zum Thema einfällt.
● Gliedere diese Stichwortliste grob: Einleitung – Hauptteil – Schluß.
● Überlege, welche Stil- und Gestaltungsregeln zu beachten sind.
● Halte den Stil möglichst durch. Schreibe beispielsweise bei einem Erlebnisaufsatz nicht in einem Abschnitt betont lebendig und gleich im nächsten zu trocken.
● Wortwiederholungen sollten nicht zu oft vorkommen, was aber nicht heißt, daß du zwanghaft nach bedeutungsgleichen Wörtern suchst und dabei zuviel Zeit verlierst.
● Vermeide zu lange Sätze.
● Mach einen Absatz, wenn du einen Gliederungspunkt abgehandelt hast.
● Spring nicht plötzlich von einem Aufsatzteil zum anderen, sondern baue Übergänge ein.
● Überprüfe immer mal wieder, ob du beim Thema geblieben bist.
● Verlier dich nicht in Einzelheiten und Nebensächlichkeiten.
● Wenn zeitlich machbar, kannst du von der ersten Niederschrift eine Reinschrift herstellen.
● Sieh den Aufsatz am Schluß nochmals nach Rechtschreib-, Grammatik- und Aufsatzfehlern durch.

Abb. 24: Überlegtes Aufsatzschreiben (aus Keller, G.: Lernen will gelernt sein! Ein Lerntraining für Schüler. Heidelberg: Quelle & Meyer 1991[4])

5.5 Funktionsübungen

Aufgrund mangelnder Übung und Beanspruchung kann die Konzentrationsfunktion in ihrer Entwicklung gehemmt werden oder verkümmern. Wird das Aufmerken gezielt geschult, sind auch bei konzentrationsschwierigen Schülern beachtenswerte Trainingseffekte möglich.

Keller/Thewalt (1980) entwickelten ein Konzentrationsförderprogramm für die Orientierungsstufe, das neben Konzentrationsstrategien und Entspannungsmethoden vor allem auch Funktionsübungen enthielt. Letztere bestanden schwerpunktmäßig aus konzentrationsspielerischen Übungen wie Zahlen-zu-Figuren-verbinden, räumliches Vorstellen, Fehler suchen, Geschicklichkeitsspielen sowie Brettspielen. Das Trainingsprogramm wurde bei konzentrationsschwierigen Sechstkläßlern erprobt und erfolgskontrolliert. Die Wirkungsanalyse erbrachte sehr deutliche Verbesserungen der unterrichtlichen Konzentration sowie der mit Hilfe von zwei Konzentrationstests gemessenen Funktionsleistung. Eine vergleichbare Kontrollgruppe ebenfalls konzentrationsschwieriger Sechstkläßler zeigte keine bedeutsamen Verhaltens- und Funktionsbesserungen. Zu ähnlichen Ergebnissen gelangte *Binas* (1973) bei der Validierung seines Konzentrationstrainings für Schüler des 3. und 4. Grundschuljahres.

Genauso wie die Gedächtnisfunktion sollte auch die Konzentrationsfunktion in der Vor- und Grundschulzeit intensiv gefördert werden. Alle Spiele, die Ausdauer und ungeteilte Aufmerksamkeit erfordern, eignen sich zum Stärken der Konzentrationsfunktion (Spitz paß auf, Halma, Differix, Schau genau, Puzzles, Mikado, Gefährliches Geröll u.v.a.). Wichtig ist, daß in der Grundschule der Übergang vom spielerischen zum ernsten konzentrierten Lernen durch den häufigen Einsatz von Konzentrations-Lernspielen erleichtert wird (s. Materialverzeichnis, S. 91).

Funktionsübungen können auch in schulische und individuelle Lernförderprogramme für ältere Schüler eingebaut werden. Passend sind sowohl fachunabhängige Funktionsübungen als auch fachbezogene Konzentrations-Lernspiele. Es gibt hierzu anregende und langjährig erprobte Trainingsprogramme (s. Materialverzeichnis, S. 91).

Auch Konzentrationsfunktionsübungen erzeugen eine wichtige lerntherapeutische Zusatzwirkung. Denn Schüler, die als konzentrationsschwierig bezeichnet werden, zeigen dabei oft unerwartete Leistungen und Erfolge. Werden diese positiv verstärkt und ermutigend kommentiert, helfen diese neuen Könnens- und Selbstwertgefühle konzentrationshemmende Mißerfolgseinstellungen wirksam ändern.

Trotz empirisch gesicherter Erfolgsdaten darf auch das Funktionstraining bei der Konzentrationsförderung nicht überbetont werden. Übungssättigungen und lernhemmende Aversionen wären sonst die Folge. Und wie im Falle übertriebener Gedächtnisfunktionsübungen würde der Erwerb von intelligenten, breit transferierbaren Konzentrationsstrategien vernachlässigt.

Tiere suchen	Pädagogisch-didaktischer Kommentar
In einem ohne Abstand getippten Text aus kleinen Buchstaben verstecken sich verschiedene Tiernamen. Verbesserung von – Aufmerksamkeit – optische Differenzierungsfähigkeit – Rechtschreibung	

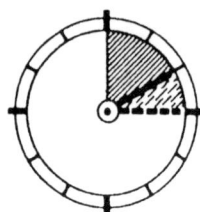

Meinen pädagogisch-didaktischen Kommentar mache ich mir jetzt selber.

Vorbereitung
- Material: Text mit verschiedenen Tieren oder Blumen o. ä.
- Schüler: Ab Klasse 3
- Ort: Klassenraum
- Dauer: 10 bis 15 Minuten

Übungsbeispiel:

Wieviele Tiere findest Du?

adfrtzhbameiseasderhundxcgfdswellensittichfgdfgheledfghvfangdgtz
awecfgbhhuntrztrewdrtfvogelhjzupinguinghtzrrtfdpferdsdfghnilghjk
nilpferdsdfghghghghhhrtedsaebersdfghwildschweinvbgfhirschgftrehb
renftzrtefdvwurmvbfgertgrtzersperberfgrtrtwesdadlersdfgnashornvb
erweiterndergropngfspechtxcsewhennesdretzthahnertrzuiztrheringdf
sdergvbraterwertwühlmausasdsgfhtreibstallrokterwegwewalhjbgrtztr
spinnesdfrrtzujkmnrezugvcxertzkolibrighnervbnachtigallhjzubogenv
erdfyhukizuzebrasterweltdfsreamselhjmnbvourtersdwqasdfrtzuioklon
wanzendesdermalsertendfreihgremauerseglerdessensterfolkligdfsdfg
tigerhaifgrzuinhjmakrelengehaufertzuioschneckenhaubenlerchenedft
extraleitersdfrtzudfvhftrzunhzbandwurmbngrtfreterstuzukiunipoio
eseleigelghtzrtdfsdaerfvbhzungtspechtdferewqqasfrquallenstremser
ftznukiolochsevgtztrewsdfgmauleseleigheidechsesdfghtzrudromedarm
ervolgreicgtrewzutijngcvdenmaikäfereibhznmjgnufgerftgtdfshechtmi

Abb. 25: Konzentrative Funktionsübung (aus Vester/Beyer/Hirschfeld 1983²)

90

Verzeichnis konzentrationsfördernder Übungsmaterialien

Blümle, K./Mupp, P.: Konzentrationsspiele. Verlag der AOL, Waldstr. 17, 7585 Lichtenau
Die Materialsammlung enthält 30 konzentrationsfördernde Übungen (Kopiervorlagen) unterschiedlichen Schwierigkeitsgrades. Als Zielgruppe kommen die Klassen 4 bis 10 in Frage.

Hippenstiel, C. M./Krautz, H.: Konzentrations-Trainingsprogramm. Bd. 1 für Kinder des 1. und 2. Schuljahres. Band 2 für Kinder des 3. und 4. Schuljahres. Dortmund: Verlag modernes Lernen 1991. Das Programm besteht aus zahlreichen, motivierenden Übungen. Darüber hinaus gibt es auch Eltern hilfreiche Ratschläge zur Konzentrationsförderung.

Lauster, U.: Konzentrationsspiele 1, Konzentrationsspiele 2, Konzentrationsspiele 3. Reutlingen: Ensslin & Laiblin 1978.
Die drei Trainingshefte bestehen aus vielen abwechslungsreichen Konzentrationsübungen. Die beiden ersten sind für Grundschüler, das letztere ist für Schüler der Klassen 5 und 6 geeignet.

Müller, H.: Optisches Differenzierungs- und Konzentrationstraining. Hamburg: Persen 1982.
Kernstück des Gesamtprogrammes sind 248 Arbeitsblätter, die sowohl zur Wahrnehmungs- als auch zur Konzentrationsschulung verwendbar sind. Zielgruppen sind Vor- und Grundschüler.

Ott, E.: Das Konzentrationsprogramm. Reinbek: Rowohlt 1977.
Das Buch enthält ein aus 80 Aufgaben bestehendes Leistungsprogramm, dessen Anspruchsniveau allmählich ansteigt. Die Leistungsfortschritte lassen sich mit Hilfe eines Punktsystems kontrollieren. Der Einsatz ist ab Klasse 8 zu empfehlen.

Pallasch, W./Zopf, D.: Methodix. Bausteine für den Unterricht. Weinheim und Basel: Beltz 1980.

Pallasch, W./Zopf, D.: Praktix. Bausteine für den Unterricht II. Weinheim und Basel: Beltz 1981.
Beide Bücher zeigen auf, wie Unterrichtsstoff lebendig und spielerisch vermittelt werden kann. Ein Teil der fachübergreifenden und fachbezogenen Übungen kann auch zur Schulung der Konzentrationsfunktion eingesetzt werden. Zielgruppen sind Schüler der Grundschule und der Sekundarstufe I.

Regelein, S.: Lernspiele für die Grundschule. Ansbach: Prögel 1982.
Das Buch ist eine sehr umfangreiche Sammlung fachübergreifender und fachbezogener Lernspiele. Ein Teil davon kann zum Training der Konzentrationsfunktion in der Grundschule verwendet werden.

Vester, F./Beyer, G./Hirschfeld, M.: Aufmerksamkeitstraining in der Schule. Heidelberg: Quelle & Meyer 1983[2].
Das Trainingsprogramm setzt sich aus vielen Konzentrationsfunktionsübungen zusammen, die pädagogisch-didaktisch ausführlich erläutert und praktisch leicht umsetzbar sind. Zielgruppen sind Grundschüler und die Sekundarstufe I.

6. Fachbezogene Lernförderung

In den bisherigen Kapiteln ging es hauptsächlich um die Frage, wie die Lernbereitschaft und Lerntechnik generell gefördert werden können. Den Unterrichtspraktiker wird nun auch interessieren, wie sich das Lern- und Leistungsverhalten fachspezifisch erleichtern und verbessern läßt. Hinweise hierzu sind zwar schon sporadisch gegeben worden, so zum Beispiel im Kapitel 4, das erste Tips zum Vokabellernen und Textlernen enthält. Dennoch erscheint es sinnvoll, nochmals zusammenfassend und übersichtlich darzustellen, wie im einzelnen Schulfach das Lernen gelernt werden kann. Berücksichtigt werden dabei vor allem jene Lerntips, die sich in der praktischen Lernförderung tatsächlich auch als nützlich und wirksam erwiesen haben.

Die Aufzählung der einzelnen Lerntips bedeutet nicht, daß sie allesamt von einem Schüler umgesetzt werden müssen. Sie sind als mögliche Hilfen bei der Aneignung von Lernstoff zu betrachten.

6.1 Deutsch

● Wortbilder mehrkanalig einprägen, indem das Klangbild, Schriftbild und Bewegungsschema verinnerlicht wird.

● Einen sicheren Grundwortschatz aneignen durch systematisches Üben und Wiederholen mit der Lernkartei.

● Die Rechtschreibsicherheit durch Ableiten und Verlängern verbessern. Ableiten heißt, danach zu fragen, woher ein Wort kommt (z. B. fällt von fallen). Verlängern (Hund – Hunde) hilft die Frage beantworten, ob im Auslaut ein harter oder weicher Konsonant steht.

● Schwer merkbare Schreibweisen und Regeln mit Hilfe von Merktechniken speichern. Beispiel: Nach l, n, r das merke ja, steht nie tz und nie ck.

● Auf saubere und lesbare Schrift sowie übersichtliche Darstellung achten.

● Die richtige Schreibweise oder grammatische Form nicht erraten, sondern Nachschlagewerke zu Rate ziehen.

● Wenn's mit dem Rechtschreiben hapert, auf der Grundlage bisher geschriebener Klassenarbeiten eine Fehleranalyse durchführen. Die ermittelten Fehlerschwerpunkte durch gezieltes Üben und Wiederholen abbauen (s. u.).

- Den Sprachausdruck durch regelmäßiges Lesen, Briefschreiben, Tagebuchschreiben und den Gebrauch von Synonymwörterbüchern („Wie sagt man noch?") üben.
- Ein Verzeichnis grammatikalischer Begriffe anlegen (Was heißt Adverb, Präposition, Infinitiv...?). Grammatikalische Regeln auf Lernkarteikarten übertragen. Aus Texten Sätze herausgreifen und überlegen, welche Regeln darin zum Ausdruck kommen (Welche Zeit? Welcher Fall?...).
- Eine Kurzübersicht der verschiedenen Aufsatzformen (Erörterung, Gedichtbetrachtung, Bericht usw.) anfertigen. Darin die wichtigsten Stil- und Gestaltungsregeln aufführen. Diese vor der Niederschrift eines Aufsatzes in Erinnerung rufen und beachten.
- Bei Aufsätzen nie drauflosschreiben. Zuerst überlegen, was mit dem Thema eigentlich gemeint ist. Dann Stichwörter und Ideen aufschreiben. Diese entsprechend der Grobstruktur „Einleitung – Hauptteil – Schluß" gliedern bzw. in einen Ordnungsablauf bringen.
- Beim Aufsetzen den Stil möglichst durchhalten. Auf abwechslungsreichen Wortschatz und gute Wortwahl achten. Die Gliederungspunkte als Hinweise für neue Absätze betrachten. Beim Thema bleiben, Abschweifungen vermeiden. Keine zu langen Sätze. Den Text abschließend nach Rechtschreib-, Grammatik- und Ausdrucksfehlern durchsehen.
- Im Lexikon mal die Kurzbiographie gerade gelesener Schriftsteller und Dichter nachschlagen. Auch ausfindig machen und notieren, was literaturkundliche Begriffe wie Aufklärung, Romantik, Realismus, Expressionismus usw. bedeuten. Eine Zeittabelle der wichtigsten Literaturepochen anlegen, gegliedert nach Stilmerkmalen, Schriftstellern und Werken.

Tips zur häuslichen Rechtschreibförderung

- In kleinen Zeitspannen üben. Zu empfehlen ist eine tägliche Übungszeit von 10 bis 15 Minuten. Lieber zehn Minuten konzentriert üben, als sich eine halbe Stunde quälen!
- Zu hohe Erwartungen aufgeben. Eine Rechtschreibbesserung ist nur in kleinen Schritten möglich.
- Den Schüler für Fehler nicht kritisieren und bestrafen, sondern bei kleinsten Fortschritten loben und bei Rückschritten ermutigen. Denn

dringender als alles andere benötigt er eine Stärkung seines Selbstwertgefühls.

● Nur solche Rechtschreibprogramme verwenden, die in kleinen Portionen durchführbar und altersgerecht sind (s. u.). Weder zu schnell noch zu langsam diktieren. Wörter deutlich aussprechen.

● Das Übungsdiktat sofort korrigieren lassen, damit keine falschen Wortbilder gelernt werden. Der Schüler sollte die Korrektur unter Zuhilfenahme der Textvorlage selbst durchführen.

● Falsch geschriebene Wörter kann man auch auf Lernkarten schreiben lassen. Diese werden immer mal wieder diktiert. Auf der Rückseite wird vermerkt, ob das Wort richtig geschrieben worden ist. Hat der Schüler das Wort fünfmal richtig geschrieben, kann die Karte weggelegt werden.

● Geübt werden sollte zu festen, gemeinsam vereinbarten Zeiten. Bitte nicht unmittelbar nach Mahlzeiten, da in solchen Tagesphasen die geistige Leistungsbereitschaft ungünstig ist, und auch möglichst nicht gleich nach den Hausaufgaben.

● Darauf achten, daß in einer ruhigen, ablenkungsarmen Umgebung geübt wird. Die Schreibfläche sollte gut beleuchtet sein. Und es darf auch kein Radio gehört werden.

Empfehlenswerte Rechtschreibprogramme

Rechtschreibtraining Orientierungsstufe (Klassen 5–6)
    AOL-Verlag, Waldstraße 17, 7585 Lichtenau-Scherzheim.
Rechtschreibtraining Sekundarstufe I (Klassen 7–10)
    AOL-Verlag, Waldstraße 17, 7585 Lichtenau-Scherzheim.
Widmann, G.: Diktate 3/4. München: Hauschka 1989.
Widmann, G.: Diktate 5/6. München: Hauschka 1986.

6.2 Fremdsprachen

● Vokabeln auf mehreren Lernwegen lernen: Lesen + laut aussprechen + schriftlich kontrollieren.

● Nicht zu viele Vokabeln auf einmal lernen. Vokabelmenge in Gruppen von acht bis zehn Einzelwörtern aufteilen. Dazwischen Pausen einlegen.

● Schwierige Vokabeln, Redewendungen und grammatikalische Regeln auf Karteikärtchen übertragen (z. B. Vorderseite: to twist – Rückseite: verdrehen).

- Sprachverständnis üben: fremdsprachliche Rundfunksendungen hören, fremdsprachliche Fernsehsendungen anschauen, fremdsprachliche Liedertexte lernen, fremdsprachliche Bücher oder Zeitungen lesen, Briefe schreiben, sich mit Ausländern unterhalten.
- Grammatik üben: Sätze aus Texten herausgreifen und überlegen, welche grammatikalische Regel darin zum Ausdruck kommt. In der Grammatik nachschlagen und Richtigkeit überprüfen. Zu grammatikalischen Regeln eigene Beispielsätze bilden.
- Rechtschreibung üben: schwierige Wörter mehrmals schreiben, kleine Texte von anderen diktieren lassen, kleine Texte aufs Band sprechen und anschließend schreiben (Selbstdiktat).
- Aussprache üben: Texte laut lesen, Texte aufs Band sprechen und die Aussprache hinterher korrigieren, Schallplatten und Kassettentexte anhören (gibt es zu vielen Lehrbüchern).
- Übersetzen üben: kleine Textpassagen aus dem Lehrbuch übersetzen, Gebrauchsanweisungen übersetzen, Lieder- und Buchtexte übersetzen. Dabei gilt: bei schwierigen Wörtern nicht raten, sondern nachschlagen. Zweisprachige Bücher lesen.
- Beim Übersetzen auf den Textsinn achten. Nicht Wort für Wort übersetzen. Hauptsätze zuerst übersetzen (Textskelett).
- Sprachflüssigkeit verbessern: aus Buchstaben eines vorgegebenen Wortes neue Wörter bilden (Wortsynthetik), zu einem Wort ähnliche Wörter finden, Reime bilden, aus Wörtern kleine Sätze bilden, Dialogspiele.
- Nach einer oder mehreren Klassenarbeiten Fehlerstatistik anfertigen. Herausfinden, welche Fehlerarten am häufigsten vorkommen (Satzstellung – Präpositionen – Perfekt – unregelmäßige Verben usw.). Die Fehlerschwerpunkte durch gezieltes Wiederholungslernen abbauen. Dabei Lernhilfebücher verwenden.
- Sich über Geschichte, Kultur und Bräuche des jeweiligen Landes informieren. Bestimmte Schriftsteller auf Deutsch lesen. Wenn möglich, Schüleraustausch- oder Sprachferienangebote wahrnehmen.

Übungsbeispiele: Vokabellernen

Mehrkanaliges Vokabellernen

Den Schülern wird auf einer Folie eine Liste von sieben bis zehn Vokabeln vorgegeben. Links stehen die fremdsprachlichen Wörter, rechts die deutschen Bedeutungen. Zunächst liest der Lehrer jedes Wortpaar laut vor. Sofort danach wiederholt die ganze Klasse im Chorsprechen dieselbe Prozedur. Nachdem der akustisch-sprachmotorische Lernweg beendet ist, werden die fremdsprachlichen Wörter abgeschrieben, und zwar untereinander. Daraufhin werden die deutschen Bedeutungen der vorgegebenen Vokabel vom Lehrer abgedeckt. Denn die Schüler müssen jetzt die abgeschriebenen fremdsprachlichen Wörter ins Deutsche übersetzen. Wenn sie damit fertig sind, deckt der Lehrer die fremdsprachliche Spalte wieder auf, um Gelegenheit zur Korrektur zu geben. Jetzt drehen die Schüler das Blatt um, und der Lehrer deckt gleichzeitig auf der Folie die fremdsprachlichen Wörter ab. Die Schüler müssen nun schriftlich prüfen, ob die Vokabeln endgültig sitzen. Hinterher deckt der Lehrer die fremdsprachliche Spalte wieder auf, und die Schüler korrigieren. Nicht gewußte oder falsch geschriebene Vokabeln werden nochmals geschrieben.

Diese Übung sollte in den ersten beiden Lernjahren einer Fremdsprache im Unterricht öfter wiederholt werden. Denn nur dadurch wird das mehrkanalige Lernen zu einer konstanten Lernstrategie verinnerlicht. Und nur auf diesem Wege läßt sich der Transfer ins häusliche Lernverhalten fördern und sichern.

Erinnerungsübung

Die Schüler müssen innerhalb vorgegebener Zeitgrenzen Vokabeln unter bestimmten Voraussetzungen aus dem Gedächtnis abrufen:

● Unregelmäßige Verben eines bestimmten Anfangsbuchstabens mit den drei Stammformen,
● Wörter, die zu einem bestimmten Wortfeld gehören (z. B. Was gehört zum Wetter?),
● menschliche Eigenschaftswörter,
● Präpositionen,
● Länder eines bestimmten Erdteils.

Darüber hinaus kann die Erinnerungsübung auch folgendermaßen lauten: „Schreibt Vokabeln aus der letzten Lektion aus dem Gedächtnis nieder!"

Vokabelkette

Der Lehrer nennt eine Vokabel und gibt dem ersten Schüler den Auftrag, eine Vokabel an die Tafel zu schreiben, die mit dem letzten Buchstaben des ersten Wortes anfängt. Der nächste Schüler beginnt mit dem letzten Buchstaben des zweiten Wortes usw. Der besondere Anreiz des Spieles liegt darin, daß derjenige auscheidet, der innerhalb von zehn Sekunden kein Wort findet oder das entsprechende Wort falsch geschrieben hat.

Lehrer: mouth
1. Schüler: house
2. Schüler: earth
3. Schüler: hit
4. Schüler: this

Satzübungen

Jeder Schüler schreibt aus dem Gedächtnis fünf Vokabeln der zur Zeit behandelten Lektion auf. Danach muß ein Satz gebildet werden, in dem die fünf Vokabeln vorkommen. Anschließend liest jeder Schüler seinen Satz laut vor. Die Mitschüler achten darauf, ob er grammatikalisch richtig ist.

Vokabelscrabble

Der Lehrer schreibt eine Zufallsfolge von Buchstaben an die Tafel. Die Schüler müssen innerhalb von fünf Minuten daraus so viele Wörter wie möglich bilden. Wer die meisten Wörter vorzuweisen hat, ist Sieger. Der Schwierigkeitsgrad kann erhöht werden, wenn nur bestimmte Wortarten (z. B. Substantive) gebildet werden dürfen.

6.3 Mathematik

● Mathematische Operationen zuerst auf der Handlungsebene (z. B. mit der Rechenmaschine), dann auf der Vorstellungsebene (z. B. mit dem Zahlenstrahl) und schließlich auf der Ziffernebene üben.

● Hausaufgaben möglichst an dem Tag erledigen, an dem sie aufgegeben worden sind, da die Lösungsverfahren noch frisch im Gedächtnis sind.

● Sauber, deutlich und leserlich schreiben. Haupt- und Nebenrechnung trennen. Teil- und Endergebnisse hervorheben. Linien mit dem Lineal ziehen.

● Immer mal wieder überprüfen, ob die einfachen Kenntnisse sitzen: Rechenfertigkeiten, Konstruktionsverfahren, Formeln, Merksätze, Abkürzungen. Schwer merkbaren Stoff in Lernkarteiform übertragen.

- Schwierige Aufgaben zu Hause nochmals rechnen. Die Aufgabenstellung auf ein leeres Blatt übertragen, das Heft zuklappen und dann selbständig rechnen, Schritt für Schritt.
- Bei Textaufgaben nicht drauflos rechnen. Den Text genau durchlesen. Überlegen: Was ist gegeben, was ist gesucht? Den Lösungsweg ruhig durchdenken. Falls es nicht auf Anhieb klappt, die Rechnung mit ganz einfachen Zahlen probieren. Zeichnen, was nicht vorstellbar. Haupt- und Nebenrechnungen voneinander trennen. Zwischenergebnisse kontrollieren. Endergebnis gründlich überprüfen.
- Falls Leistungsprobleme auftreten, eine Fehlerstatistik anfertigen. Das heißt, auf der Grundlage von einer oder mehreren Klassenarbeiten feststellen, welche Fehlerarten (z. B. Bruchrechenfehler) am häufigsten vorkommen. Die Fehlerschwerpunkte durch gezieltes Wiederholungslernen abbauen.
- Die Mathematik im Alltag anwenden:
  Wie groß ist die Fläche des Zimmerbodens?
  Wieviel DM Zins erbringt meine Spareinlage im Jahr?
  Wieviel DM muß ich von meinem Taschengeld monatlich auf die Seite legen, um einen Radiorecorder kaufen zu können?

Übungsbeispiel: Textaufgaben lösen lernen

1. Lies den Text konzentriert durch!

Herr Bauer bezahlte für den Zaun um sein Grundstück 2476,80 DM. Die eingezäunte Fläche ist 29 m lang und 23 m breit. Für zwei Einfahrten bleiben jeweils 4 m frei. Sein Nachbar hatte für einen Meter des gleichen Zaunes 27,65 DM bezahlt.

a) Wie hoch ist der Preisunterschied je m Zaun?
b) Wie hoch ist der Unterschied zwischen den Gesamtpreisen?

2. Was ist gegeben?

Preis für Zaun (Herr Bauer) = 2476,80 DM
Fläche 29 m lang, 23 m breit
zwei Einfahrten je 4 m
Preis für 1 m Zaun (Nachbar) = 27,65 DM

3. Was ist gesucht?

Preisunterschied je m Zaun
Unterschied zwischen Gesamtpreisen

4. Stelle den Text in Form einer Zeichnung dar!

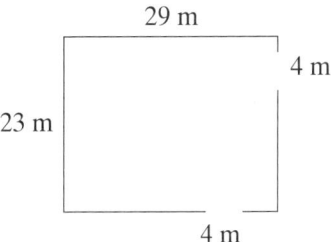

Abb. 26: Beispiel einer Textskizze als mathematische Lösungshilfe

5. Rechnung:

Länge des Zauns:
2 · 29 m + 2 · 23 m − 2 · 4 m = 96 m

Preis für 1 m Zaun (Herr Bauer):
2476,80 DM : 96 m = 25,80 DM

Preisunterschied je m Zaun:
27,65 DM (Nachbar) − 25,80 DM (Herr Bauer) = 1,85 DM

Unterschied beim Gesamtpreis:
96 m · 1,85 DM = 177,60 DM

6. Ergebnis:

a) Der Preisunterschied je m Zaun ist 1,85 DM hoch.
b) Der Unterschied zwischen den Gesamtpreisen beträgt 177,60 DM.

6.4 Biologie, Chemie, Physik

● Ein Verzeichnis der gängigsten Begriffe, Symbole, Fachwörter und Formeln anlegen.

● Immer wieder an Hand von Beispielen aus der Wirklichkeit und täglichen Beobachtungen überlegen, welche physikalischen, chemischen oder biologischen Gesetze dahinterstehen. Die eigene Umwelt naturwissenschaftlich beobachten und erklären lernen! Bestimmungsübungen in der Tier- und Pflanzenwelt durchführen.

● Beim Bearbeiten naturwissenschaftlicher Aufgaben nicht der Rechengröße allein vertrauen. Die errechneten Zahlenwerte immer mit der Wirklichkeit vergleichen. Kann dies so sein?

● Schwierige Lehrbuchsätze in eigene Worte umformulieren. Darüber hinaus auch schwierige Sachverhalte und Gesetzmäßigkeiten in Sachbüchern und Lexikas nachlesen. Gute Formulierungen und Erklärungen den Unterrichtsaufzeichnungen anfügen.

● Unterrichtsaufzeichnungen zu Hause nochmals durcharbeiten. Wichtiges unterstreichen und markieren. Bei Nichtverstandenem nachschlagen oder nachfragen. Im Buch vorhandene Übungsaufgaben und Übungsfragen bearbeiten.

● Schwer verständliche Lernstoffe zeichnerisch darstellen. Es kommt dabei nicht auf Exaktheit und Schönheit an.

● Wenn Mißerfolge auftreten, Fehleranalysen durchführen. Herausfinden, wo Stofflücken vorhanden sind. Lücken durch Wiederholungsprogramme schließen.

● Obwohl nicht billig und bisweilen auch gefährlich, kann das Hantieren mit dem eigenen Experimentierkasten sehr förderlich sein. Was der Mensch „handelnd" lernt, versteht und behält er besonders gut.

● Technisch-naturwissenschaftliche Ausstellungen, Museen oder Sammlungen besuchen. Gezielt Dinge aufsuchen, die in letzter Zeit im Unterricht behandelt worden sind.

● Bei Fernseh-, Hörfunk- und Zeitungsberichten darauf achten, ob Unterrichtsstoff vorkommt. Das eine oder andere wichtige Stichwort notieren. Wichtige Zeitungsartikel ausschneiden und einkleben.

Übungsbeispiel: Naturwissenschaftliches Textlernen

● Überfliege den Text zunächst.
● Lies den Text konzentriert durch.
● Verkürze den Textinhalt zu einem anschaulichen Schema.
● Lies den Text nochmals durch.
● Beantworte die Fragen zum Text.

Der bekannteste chemische Vorgang ist der Verbrennungsvorgang. An ihm ist leicht zu erkennen, wodurch eine chemische Reaktion charakterisiert ist. Wird ein Stück Holz angezündet, dann verbrennt es mit Feuererscheinung unter Rauchentwicklung zu Asche. Die Stoffeigenschaften von Asche und Rauch haben mit dem Holz nichts mehr gemeinsam; d. h., beim Verbrennen sind neue Stoffe entstanden. Damit ist das deutlichste Kennzeichen einer chemischen Reaktion ausgesprochen: Ein Vorgang, bei dem ein oder mehrere neue Stoffe (Reaktionsprodukte) aus einem Ausgangsstoff entstehen. Diese Stoffänderung (von Holz zu Asche und Rauch) war mit der Erzeugung von Wärme verbunden. Wärme ist eine Energieform; sie tritt bei chemischen Vorgängen am häufigsten auf. Wird sie, wie beim Verbrennen von Holz, Kohle oder Heizöl, an die Umgebung abgegeben, spricht man von einem exothermen Vorgang. Muß zum Aufrechterhalten der chemischen Reaktion, wie beim Gewinnen von Branntkalk aus Kalkstein (Kalkbrennen) dauernd Wärme zugeführt werden, handelt es sich um einen endothermen Vorgang. Grundsätzlich ist jeder chemische Vorgang mit einer Stoffänderung und einem Energieumsatz gekoppelt. Die bei einer chemischen Reaktion auftretende Energie kann nicht nur als Wärme, sondern auch in Form von Licht, von elektrischer oder mechanischer Energie in Erscheinung treten. Im Zylinder eines Motors wird die bei der Verbrennung von Treibstoff freiwerdende Wärme in mechanische Energie umgewandelt.

Fragen zum Lerntext Chemie

1. Was ist der bekannteste chemische Vorgang?
2. Womit ist jeder chemische Vorgang grundsätzlich gekoppelt?
3. Was ist ein exothermer Vorgang?
4. Was ist ein endothermer Vorgang?
5. In welche Energieform wird der im Motor verbrauchte Treibstoff umgewandelt?

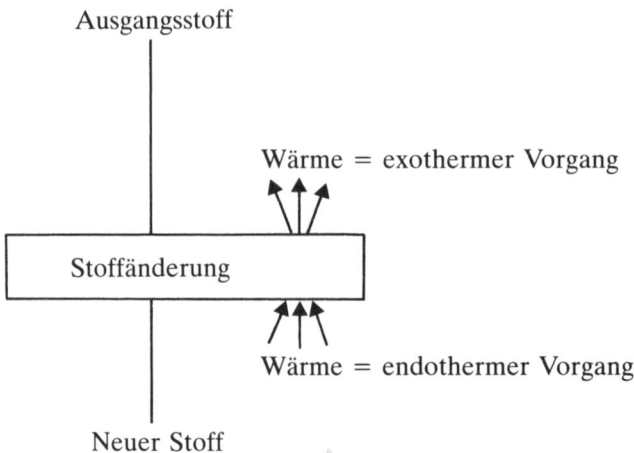

Abb. 27: Beispiel eines Schemas als Textlernhilfe

6.5 Erdkunde, Geschichte, Gemeinschaftskunde

● Ein Verzeichnis der gängigsten Fachwörter mit Definition anlegen. Beispiel: Erosion = Veränderung der Erdoberfläche durch Wasser, Eis und Wind.

● Karten und Atlanten benutzen lernen. Gängige Kartensymbole und Abkürzungen einprägen. Topographische Fakten (unser nächster Urlaubsort) auf der Karte aufsuchen.

● In Geschichte eine Zahlenschiene herstellen, in die wichtige Ereignisse einer Epoche eingetragen werden.

● Lerntexte anschaulich machen, und zwar durch selbst angefertigte Tabellen, Strukturen, Stichwortauszüge und Zeichnungen.

● Schwer merkbare Lerninhalte auf Lernkarteikarten übertragen und vor Klassenarbeiten beizeiten wiederholen. Falls möglich, Merkverse als Gedächtnisstützen verwenden: drei, drei, drei – bei Issus Keilerei (333).

● Unterrichtsaufzeichnungen zu Hause nochmals durcharbeiten. Wichtiges unterstreichen und markieren. Bei Nichtverstandenem nachschlagen oder nachfragen. Im Buch vorhandene Übungsaufgaben und Übungsfragen bearbeiten.

● Was im Lehrbuch kompliziert beschrieben und erklärt wird, in Fachbüchern und Lexikas nachlesen. Dabei Notizen anfertigen. Gute Formulierungen und Erklärungen den Unterrichtsaufzeichnungen anfügen.

● Lange Lerntexte nicht auf einmal lesen, sondern Schritt für Schritt. Überfliegen + gründlich lesen + aktiv bearbeiten (unterstreichen, herausschreiben, markieren) + wiederholen.

● Darauf achten, ob im Fernsehen, Hörfunk oder in der Zeitung aktueller Unterrichtsstoff behandelt wird. Während der Sendung bzw. beim Lesen das eine oder andere wichtige Stichwort aufschreiben. Wichtige Zeitungsartikel ausschneiden und ins Heft einkleben.

Übungsbeispiel: Geschichtliches Textlernen

● Überfliege den Text zunächst.
● Lies den Text konzentriert durch.
● Unterstreiche wichtige Wörter.
● Übertrage wichtige Daten auf die Zeitachse.
● Beantworte die Fragen zum Text.

Die Machtausweitung der Karolinger beginnt mit Pippin II. dem Mittleren (Regierungszeit 679–714), der als Majordomus von Austrien nach kriegerischen Auseinandersetzungen 687 Hausmeier des Gesamtreiches wird. Sein unehelicher Sohn Karl Martell (Regierungszeit 714–741) wird nach schweren Kämpfen ebenfalls Majordomus und führt das Reich wieder zusammen. Er unterwirft die Alemannen und Thüringer, kämpft gegen die Sachsen und besiegt 732 in der Schlacht zwischen Tours und Poitiers die Araber. Noch vor seinem Tode teilt er das Reich unter seinen Söhnen auf: Karlmann (Regierungszeit 741–747) erhält mit Austrien, Schwaben und Thüringen den Osten; Pippin III. der Jüngere bekommt mit Neustrien, Burgund und der Provence die westlichen Landesteile zugesprochen. 751 läßt Pippin sich in Soissons zum König ernennen und wird vom päpstlichen Legaten als erster fränkischer König mit heiligem Öl gesalbt. Damit erkennt der Frankenkönig die geistliche Herrschaft des Papstes an.

768 teilt Pippin das Frankenreich unter seinen Söhnen Karl und Karlmann, der 771 stirbt. Von 768–814 gelingt es Karl dem Großen, die Langobarden und die germanischen Stämme im Norden zu besiegen und zu christianisieren. 800 wird er in Rom von Papst Leo III. zum Kaiser gekrönt und ist damit unbestrittener Herrscher des Abendlandes. Das Reich Karls des Großen reicht im Westen vom Fluß Ebro in Spanien bis

zur Donau und Elbe im Osten, im Süden von Norditalien bis Schleswig-Holstein im Norden.

843 wird im Vertrag zu Verdun das Reich Karls des Großen in ein Mittel-, ein Ost- und ein Westreich geteilt. Kaiser Lothar I. (840–855) erhält das Mittelreich mit den Kaiserstädten Aachen und Rom, Ludwig der Deutsche (843–876) erhält das Ostfrankenreich, Karl II. der Kahle (843–877) bekommt das Westfrankenreich zugesprochen. 870 wird das Mittelreich mit Lothringen, Burgund, der Provence und Italien auf das Ost- und Westfrankenreich aufgeteilt.

Fragen zum Lerntext Geschichte

1. Wer besiegte 732 in der Schlacht zwischen Tours und Poitiers die Araber?
2. Wozu ließ sich Pippin III. vom päpstlichen Legaten mit Öl salben?
3. Wann wurde Karl der Große zum Kaiser gekrönt?
4. In welche Reichsteile wurde 843 das Frankenreich aufgeteilt?
5. Wie wurden die Frankenherrscher anfangs genannt?

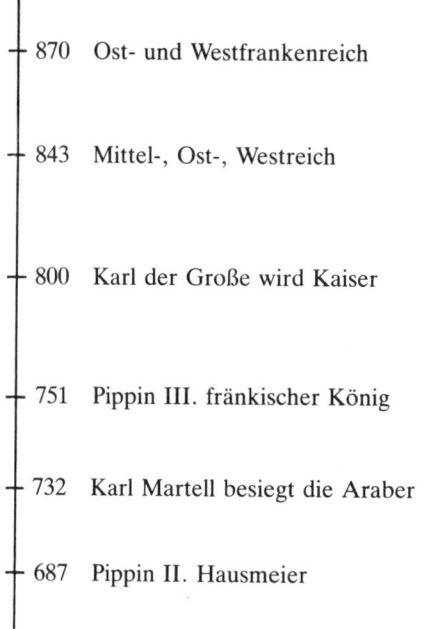

870   Ost- und Westfrankenreich

843   Mittel-, Ost-, Westreich

800   Karl der Große wird Kaiser

751   Pippin III. fränkischer König

732   Karl Martell besiegt die Araber

687   Pippin II. Hausmeier

Abb. 28: Beispiel einer Zeitachse als Textlernhilfe

104

7. Formen der Lernförderung

Die fördernde Beeinflussung des Lernprozesses kann verschiedene Formen annehmen. Obwohl der Unterricht der naheliegendste Ort ist und das Lehren des Lernens ein Unterrichtsprinzip sein sollte, darf Lernförderung nicht ausschließlich dort stattfinden. Denn die unterrichtliche Lernförderung hat zwar reelle, aber auch deutlich begrenzte Wirkungschancen. Zum einen deshalb, weil die Lernzielerreichung und Lernstoffvermittlung den zeitlichen Spielraum einschränken. Und zum anderen, weil wegen der Gruppengröße die für jede Lernförderung unabdingbare Individualisierung nur in bescheidenem Maße möglich ist – Individualisierung verstanden als das intensive und einfühlende Eingehen auf die Lerngeschichte und Lernprobleme des einzelnen Schülers.

Erstreckt sich Lernförderung hauptsächlich auf den Unterricht, besteht die Gefahr, daß im Falle ihres Scheiterns der Lehrer die Klärung und Bearbeitung der Lernprobleme entweder resignativ beendet oder rasch aus der Schule hinausdelegiert. Letzteres bedeutet, daß der lernschwierige Schüler zum psychologischen Problemfall wird und eine Weiterverweisung an den psychosozialen Fachmann erfolgt. Dieser Schritt wird von vielen Eltern und Schülern oft als aversiv und bedrohlich erlebt. Sie fürchten eine Etikettierung oder gar Stigmatisierung und scheuen deshalb nicht selten die Konsultation beim Schulpsychologen, Erziehungsberater oder Psychotherapeuten.

Bevor Lehrer delegieren und weiterverweisen, weil unterrichtliche Förderversuche gescheitert sind, sollten sie zunächst noch einmal mit dem Schüler und seinen Eltern Rat halten, um über weitere schulinterne Fördermöglichkeiten nachzudenken. Versteht man nämlich unter Beratung eine natürliche Form mitmenschlicher Hilfe, so ist die Schule jener Ort, wo sie mit am häufigsten praktiziert werden müßte. Und geht man davon aus, daß sehr viele Menschen über natürliche beraterische und therapeutische Fähigkeiten verfügen (s. *Bachmair* et al. 1982), dann kann vom Lehrer ein nicht unbedeutender Beitrag zur Alltagsberatung und Laientherapie erwartet werden. Und wenn die Psychotherapieforschung schließlich aufzeigt, daß professionelle und nichtprofessionelle Therapeuten eine nahezu gleiche Therapieeffektivität aufweisen (*Garfield* 1982, S. 303), müßte der Lehrer sich zur Lernhilfe und Lernberatung erst recht befähigt und ermutigt fühlen.

Die individualisierte Lernförderung sollte zunächst Aufgabe der Schule und des Lehrers sein. Sie dient dem frühzeitigen Erkennen und Beheben von Lernproblemen. Und sie bewirkt, daß der Lehrer nicht zu einem bloßen Wissensvermittler und Lernorganisator wird, sondern das Beraten und Helfen als spezielle Form seines erzieherischen Handelns versteht. Lernförderung gehört zum Erziehungsauftrag der Schule. Hierzu gehört die individuelle Beratung bei Lernproblemen als erste Lernhilfe vor Ort (7.1). Eine ähnliche Form individualisierter und intensiver Lernhilfe ist die Lerngruppe (7.2). Wenn die Grundtatsachen und Grundstrategien des Lernens einer größeren Schülergruppe zu präventiven Zwecken vermittelt werden sollen, bietet sich der Lernkurs (7.3) als Förderform an. Nicht zuletzt ist jedoch der Unterricht (7.4) der zentrale Ort und Ansatzpunkt der primären Prävention von Lernproblemen.

Keine Lernförderform schließt die andere aus. Lernförderung ist ein Ensemble von erzieherischen Handlungsmöglichkeiten, die allesamt den Lernprozeß erleichtern und die menschlichen Beziehungen in der Schule verbessern helfen.

7.1 Lernberatung

Lernberatung ist individuelle Hilfeleistung im Schulalltag. Entweder bietet der Lehrer dem Schüler bzw. dessen Eltern Rat an, oder diese bitten aus eigener Initiative um Rat. Lernberatung erfordert einiges Grundwissen über die Ursachen typischer Lernschwierigkeiten und Möglichkeiten der Lernförderung. Ansonsten bleiben die Ratschläge zu oberflächlich und allgemein: Etwa so: „Dietmar lernt zu unregelmäßig und wenig gründlich. Er muß sich halt mehr anstrengen und die Lerntechniken verbessern." Solche Konstatierungen und Appelle reichen zu einer wirksamen Verhaltensänderung nicht. Der Lehrer sollte als Lernberater nicht nur feststellen, daß Lernmotivation und Lernmethodik fehlen oder falsch sind, sondern Wege zu deren Aufbau und Veränderung aufzeigen.

Eine konkrete und hilfreiche Lernberatung setzt eine Lerndiagnose voraus. Hierzu ist eine Lernbefragung notwendig, die in Erfahrung bringt, wie der ratsuchende Schüler lernt. Da nicht übermäßig viel Zeit zur Verfügung steht, sollte sie strukturiert ablaufen. Strukturiert heißt, daß das Gespräch nicht ungesteuert verläuft, sondern der beratende Lehrer gezielt fragt. Als Leitfaden können folgende, typische Lernschwierigkeiten ansprechende Fragen benutzt werden:

- Fängst du mit Klassenarbeitsvorbereitungen frühzeitig an?
- Trägst du wichtige Termine (z. B. Klassenarbeiten) in einen Terminkalender ein?
- Erledigst du deine Hausaufgaben regelmäßig?
- Notierst du dir Hausaufgaben?
- Schaust du Unterrichtsaufschriebe zu Hause nochmals an?
- Wie sieht deine häusliche Lernumgebung aus?
- Gibt es beim Lernen viel Lärm?
- Wie gehst du mit deinen Lernsachen um (z. B. fliegende Blätter)?
- Wechselst du die Lernwege ab (z. B. beim Vokabellernen)?
- Verwendest du bei schwer merkbarem Lernstoff Bilder, Zeichnungen, Kürzel usw. als Merkhilfen?
- Wiederholst du wichtigen, in Vergessenheit geratenen Lernstoff?
- Wechselst du das Stoffgebiet oder machst du eine Pause, wenn die Konzentration abfällt?
- Bist du schon bei Lernbeginn sehr unkonzentriert?
- Lernst du Texte nicht nur übers Durchlesen, sondern auch übers Herausschreiben, Skizzieren, Fragen-Beantworten usw.?

Vermag der Ratsuchende seine Lernprobleme nach den einleitenden Fragen selbst gut zu verbalisieren, kann der Gesprächsmodus gewechselt werden, und zwar vom aktiven Fragen zum aktiven Zuhören. Der Lehrer gibt durch nonverbale Rückmeldungen sein Interesse zum Ausdruck und faßt das vom Schüler Gesagte nochmals in eigenen Worten zusammen. Bei Schülern mit Verbalisationsschwierigkeiten ist jedoch ein strukturierendes Gespräch im Sinne einer Lernbefragung angebrachter.

Die allgemeine Lerndiagnose sollte durch eine fachbezogene ergänzt werden, die sich vor allem auf die Feststellung von Fachwissenslücken erstrecken sollte. Am besten lassen sich diese über Fehleranalysen sichtbar machen. Der Lehrer versucht die Fehlerschwerpunkte im Problemfach zu ermitteln. An Hand der letzten Klassenarbeiten wird festgestellt und gegebenenfalls ausgezählt, welche Fehlerarten besonders häufig vorgekommen sind. Diese Fehleranalyse ist Ausgangspunkt für das lückenschließende Lernen. Denn der Schüler ist zu einem partiellen Wiederholungslernen eher bereit als zu einer Generalwiederholung. Letztere wirkt oft von vornherein abschreckend und demotivierend.

Geklärt werden sollte auch, ob die Lernschwierigkeiten, insbesondere Schwierigkeiten mit der Lernmotivation, auf falsches Erziehungsverhalten zurückzuführen sind. Zu nennen sind vor allem Über-Ehrgeiz, Überbehütung, Desinteresse, Ungeduld sowie fehlende Ermutigung und Verstärkung. Fehler in der Lernerziehung können sowohl Lehrern als auch Eltern unterlaufen.

Das heißt, daß der beratende Lehrer nicht nur die Erziehungseinstellungen und -verhaltensweisen der Eltern explorieren sollte, sondern auch seine eigenen und die seiner Kollegen.

Nach der Lerndiagnose sucht der beratende Lehrer zusammen mit dem Schüler und ggf. mit dessen Eltern nach Änderungszielen und Problemlösungen. Zunächst einmal muß bestimmt und festgelegt werden, was am dringlichsten zu ändern ist. Zum Beispiel: die Zeitplanung, der eher passive Lernstil, das Vokabellernen, sowie die Lücken in Englisch und Mathematik. Wichtig ist, daß sich der Schüler die konkreten Lösungsschritte in Form eines kleinen Änderungsplanes notiert:

● Klassenarbeiten früher vorbereiten,
● die Lernwege abwechseln: schriftliche oder mündliche Zusammenfassungen, Fragen zum Text stellen und selbst beantworten, Begriffsgerüste herstellen,
● die Vokabeln schriftlich kontrollieren, bis sie sitzen,
● unregelmäßige Verben in Englisch wiederholen,
● die Zeiten in Englisch wiederholen,
● in Mathe Lösungen von Gleichungen mit 2 Unbekannten wiederholen.

Mancher Lösungsschritt läßt sich während der Beratung praktisch erproben und vermitteln. So kann man den Schüler Vokabeln lernen oder ihn nach dem Prinzip des Lernwegwechsels einen Lerntext erarbeiten lassen. Diese Art der Handlungsorientierung fördert das Instruktionsverständnis und die Bereitschaft, die vermittelten Lernmethoden ins tägliche Lernen umzusetzen. Darüber hinaus bieten lernpraktische Übungen Gelegenheit zu kleinen, aber motivationsfördernden Erfolgserlebnissen.

Das lückenschließende Lernen kann durch Lernhilfen unterstützt werden. Am geeignetsten sind nach dem Selbstkontrollprinzip aufgebaute Lernhilfen, und zwar jene, die viele Übungsaufgaben enthalten, deren Lösungen und Lösungswege kontrolliert und nachvollzogen werden können. Ein gutes Lernhilfebuch kostet meist nicht mehr als eine Nachhilfestunde und kann genauso wirksam sein. Oft brauchen nur diejenigen Teile durchgearbeitet werden, die sich auf die Fehlerschwerpunkte des betreffenden Fachs beziehen. Wichtig ist auch, daß der Stoff in kleinen Portionen wiederholt und das Erledigte im Sinne der Selbstverstärkung im Änderungsplan deutlich abgehakt wird.

Der Erfolg der Lernberatung hängt in starkem Maße von der Vereinbarung einer Rückmeldung ab. Denn sonst läuft der ratsuchende Schüler Gefahr, das Gespräch zwar als angenehm zu erleben, aber daraus keine verhaltensändernden Konsequenzen zu ziehen. Es soll also nach ein paar Wochen wieder ein Gespräch stattfinden, in dem der Schüler über Konsequenzen und Erfahrungen berichtet. In solchen Zwischenbilanzen soll der Ist-Zustand mit den Zielen des Änderungsplanes verglichen werden. Falls notwendig, sollte der Änderungsplan modifiziert werden.

Der Beratungserfolg steht und fällt letzten Endes mit systematischer Ermutigung sowie der Verstärkung selbst kleinster Fortschritte. „Ermutigung und Verstärkung spielen die wichtigste Rolle, um die Lernfähigkeit des Kindes aufzubauen" (*Dreikurs/Grunwald/Pepper* 1983, S. 70). Nur dadurch gelingt auch der Wiederaufbau des durch schuljahrelange Entmutigungen zerstörten Selbstwertgefühls. Eltern und Lehrer müssen sich an diese lerntherapeutische Grundregel unbedingt halten. „Motivation durch Ermutigung verlangt eine ständige Wachheit für den richtigen Augenblick, für Tonfall und Wortwahl" (Ebd., S. 70).

Die Rückmeldekontakte müssen nicht so extensiv sein wie das Erstgespräch. Sie können den Charakter eines Pausengesprächs haben. Die Intervalle können, wenn Lernerfolge sichtbar werden, durchaus verlängert werden. Denn Ziel der Lernberatung ist ja nicht eine Dauerbetreuung, sondern Hilfe zur Selbsthilfe.

Wenn ein Schüler Lernschwierigkeiten hat, sollte es zum pädagogischen Selbstverständnis des Lehrers gehören, sich darum zu kümmern. Im Gespräch mit dem Schüler bzw. mit den Eltern soll eine Problemanalyse bzw. Problemlösung versucht werden. Wird dies frühzeitig getan und liegt die Hauptursache des Lernproblems tatsächlich auch in lernmotivationalen, lernmethodischen oder lernstofflichen Defiziten, so kann eine Lernberatung angezeigt und wirksam sein.

Die Grenzen der Lernberatung liegen dort, wo andere Ursachen am Lernproblem maßgeblich beteiligt sind. Ein Familienklima kann emotional so blockierend sein, daß das Lernverhalten des Schülers bzw. seine Schulleistungen gravierend beeinträchtigt werden. In diesem Falle würde die Vermittlung allgemeiner oder fachbezogener Lerntechniken kaum nützen. Sollte dies sich als Fazit eines Beratungsgesprächs ergeben, wäre es angebrachter, die Familie zur Konsultation einer Psychologischen Beratungsstelle zu motivieren.

Aus der Lerndiagnose kann auch hervorgehen, daß ein Schüler fleißig und richtig lernt, aber dennoch schlechte Noten schreibt. In diesem Falle hätte eine Lernförderung ebenfalls keinen Sinn. Anzuraten wäre die Konsultation eines Beratungslehrers, Schulpsychologen bzw. Bildungsberaters. Denn es müßte testdiagnostisch geklärt werden, ob nicht eine begabungsmäßige Überforderung als Hauptursache vorliegt. Sollte sich diese Hypothese bestätigen, wäre ein Schulformwechsel die wirksamste Problemlösung.

Ein anderes Verursachungsmuster wird bisweilen erst nach der Lernberatung sichtbar. Und zwar vor allem dann, wenn trotz positiver Änderungsmotivation und intensiver Änderungsversuche keine Leistungsbesserungen eintreten. Auch hier wäre eine Weiterverweisung an die oben genannten Fachleute notwendig. Denn eine umfassendere Ursachenanalyse erfordert spezielle diagnostische Kompetenzen.

Trotz der Gefahr der Ursachenausblendung schadet es nicht, mit lernschwierigen Schülern eine Lernberatung durchzuführen. Solche Bemühungen werden von Eltern und Schülern als positiv erlebt, weil sie das Gefühl der Anteilnahme und der Wertschätzung vermitteln. Sie tragen zu einem emotional warmen und lernfördernden Interaktionsklima bei. Werden jedoch aus anderen Ursachenquellen stammende Grenzen sichtbar, gilt das Gebot der Weiterverweisung.

Fallbeispiel

Dietmar, 14 Jahre alt, ist Schüler der Klasse 8 einer Realschule. Zu Beginn der Realschule war er ein gut durchschnittlicher Schüler. Seit Klasse 7 sind seine Leistungen schlechter geworden. Jetzt, Ende Oktober, steht er in Mathematik auf 4/5, in Englisch auf 5 und in Deutsch auf 3+. Herr Maier, der Klassenlehrer und Fachlehrer in Englisch und Deutsch, schlägt Dietmar ein Gespräch über seine schulische Situation vor. Denn neulich war Elternabend, und da konnte er Dietmars Eltern nicht allzu Positives berichten. Die Eltern meinten, Dietmar lerne zu wenig und vergeude zuviel Zeit mit seinen Freizeittätigkeiten. Ermahnungen nutzten nur kurzfristig. Dietmar falle dann bald wieder in sein altes Verhalten zurück.

Im Gespräch bestätigt Dietmar die Schilderungen seiner Eltern, zwar etwas verhalten, aber ehrlich. Er sei im Moment etwas schulmüde. Die Freizeit sei halt interessanter. Die Ermahnungen der Eltern gingen ihm auf den Wecker. Er wolle auch mal Lob, nicht nur Schimpfe. Schreibe er mal eine Drei, werde dies einfach so zur Kenntnis genommen. Dietmar sieht ein, daß sich etwas ändern muß. Denn das Klassenziel und den Realschulabschluß möchte er schon erreichen. Und von der Klasse, in der er sich wohlfühle, möchte er sich auf keinen Fall trennen. Nur sei ihm halt zur Zeit nicht klar, wie er aus der Misere herausgelangen kann. Herr Maier führt mit Dietmar eine Lernbefragung durch. Dabei kommt folgendes heraus:

Dietmar macht zwar seine Hausaufgaben, aber ziemlich oberflächlich. Das Vorbereiten von Klassenarbeiten schiebt er meist bis zum Tag vor der Klassenarbeit auf, und dann gerät er in Lernstreß. Den Lernstoff lernt er eher passiv und einkanalig übers Anschauen, Durchlesen oder Auswendiglernen. Dies trifft auch auf das Vokabellernen zu. Er trägt sie zwar in ein Vokabelheft ein, aber dabei bleibt's.

Herr Maier schaut mit Dietmar die beiden Englischarbeiten durch. Es hapert vor allem mit den Zeiten, den unregelmäßigen Verben und natürlich mit der Rechtschreibung. In Mathe, so Dietmar, sei ihm der Lösungsweg oft klar, aber dann scheitere er oft am reinen Rechnen oder an Grundkenntnissen. So habe er in der ersten Arbeit eine Aufgabe nicht lösen können, weil er nicht wußte, wie man ein Binom auflöst.

Nach dieser Problemanalyse erarbeitet Herr Maier mit Dietmar einen Änderungsplan. Aufgrund der Informationen aus dem Gespräch und der Lernbefragung arbeitet Herr Maier folgende Problemlösungsvorschläge aus:

● Frühzeitigere Vorbereitung auf Klassenarbeiten. Dies im Terminkalender konkret vermerken.
● Einen aktiveren Lernstil praktizieren. Die Lernwege abwechseln, vor allem beim Vokabellernen.
● In Englisch Zeiten und unregelmäßige Verben wiederholen.
● In Mathematik vor Klassenarbeiten mehr Übungsaufgaben schriftlich trainieren und Algebra-Stoff aus den Klassen 7 und 8 wiederholen.
● Dietmar wird für jeden kleinen Fortschritt und Erfolg ermutigt und verstärkt, sowohl von seinen Eltern als auch von den Lehrern.

Dietmar notiert sich die ihn betreffenden Ziele und Methoden. Herr Maier zeigt ihm das Prinzip der Lernwegabwechslung am Beispiel des Vokabellernens. Dietmars Eltern und die übrigen Fachlehrer werden von Herrn Maier über das Änderungsprogramm informiert und um Ermutigung und Verstärkung gebeten.

Nach drei Wochen wird die erste Zwischenbilanz gezogen. Dietmar hat sich große Mühe gegeben, die Verhaltensziele in die Lernpraxis umzusetzen. Am besten sind ihm die Lernwegabwechslung und die Zeitplanung bei der Klassenarbeitsvorbereitung gelungen. Mit dem Wiederholungslernen hat's etwas gehapert. Nicht immer hatte er Zeit und Lust dazu. Erste Fortschritte sind zu erkennen. In Englisch eine 4, in Mathe eine 3/4, in Physik und in Geschichte eine 3. Dietmar hat sich darüber gefreut, daß die Eltern die Leistungsbesserungen gewürdigt haben.

Der Leistungsanstieg setzt sich in den kommenden Wochen fort. Zwar nicht in großen Sprüngen, aber in deutlichen kleinen Schritten. Am Ende des Halbjahres hat er in Mathematik die 3 nur knapp verfehlt und in Englisch die 4 gesichert. Herr Maier rät Dietmar, das Wiederholungslernen in Englisch noch eine Zeitlang fortzusetzen, bis die Lücken endgültig saniert sind. Wichtige Wiederholungseffekte seien jetzt schon erkennbar. Am Schuljahresende hat Dietmar in Englisch den Sprung auf die 3 geschafft. Herr Maier stellt fest, daß die Englisch-Lücken vom Beginn des Schuljahres weitgehend geschlossen sind. Alles in allem hat Dietmar seit Beginn der Lernberatung nicht dramatisch viel mehr gelernt, aber die Lernzeit wesentlich effektiver eingeteilt. Er hat regelmäßiger gelernt, in kleineren Portionen, und mit besseren Lernstrategien. Ein wichtiges Pendant zu dieser Einstellungs- und Verhaltensänderung waren die Ermutigungen und Verstärkungen. Dietmar ist nicht zu einem Streber geworden, der seine Freizeitaktivitäten stark einschränken muß. Er hat lediglich gelernt, regelmäßiger und gründlicher zu lernen.

7.2 Lerngruppe

Die Bildung einer Lerngruppe ist dann angezeigt, wenn es in einem bestimmten Zeitraum mehrere Schüler einer Klasse oder Klassenstufe gibt, die durch lernmotivationale oder lernmethodische Schwierigkeiten auffallen. Je früher im Schuljahr eine solche Lerngruppe angeboten wird, desto größer ist die Chance von Einstellungs- und Verhaltensänderungen. Das Ziel einer Lerngruppe ist die Vermittlung von Lernstrategien, das Üben der Lernfunktionen und die Lernerfahrung. Sie ist zu unterscheiden von herkömmlichen Stütz- und Fördergruppen, die ja hauptsächlich dem Auffüllen von Vorkenntnislücken dienen. Dies schließt jedoch nicht aus, in der Lerngruppe auch fachbezogene Lernstrategien (z. B. Vokabellernen) einzuüben. Und es ist außerdem denkbar und machbar, daß Stütz- und Fördermaßnahmen phasenweise im Sinne einer Lerngruppe durchgeführt werden.

An Lerngruppen sollten nicht mehr als fünf Schüler teilnehmen. Nur dann kann der Gruppenleiter auf die „Lerngeschichte" und Lernsituation jedes einzelnen Schülers genügend eingehen sowie die notwendige Zuwendung und Ermutigung gewähren. Eine Lerngruppe sollte etwa einen Monat dauern mit einer Gruppensitzung pro Woche. Aufgrund der Tatsache, daß die teilnehmenden Schüler meist schon ihr Tagesquantum Unterricht hinter sich haben, sollte eine Gruppensitzung nicht zu lange dauern. Wenn man davon ausgeht, daß die optimale Konzentrationsspanne nur 20–30 Minuten beträgt, reicht eine Stunde aus. Dies ist nach meinen Erfahrungen jene Zeitspanne, in der vor allem bei jüngeren Schülern ein motiviertes und konzentriertes Arbeiten möglich ist. Alle höheren Zeitansprüche machen den Lernerfolg wieder zunichte.

Die Gruppen- und Gesprächsführung sollte sich an den Grundpostulaten der Ermutigung und Verstärkung, der emotionalen Wärme, der Akzeptierung und der Achtung orientieren. Nur so kann ein lernförderndes Interaktionsklima entstehen. Darüber hinaus ist aber auch eine gewisse Grenzziehung und Strukturierung vonnöten. Denn nur so ist ein Üben von Lernstrategien und Lernfunktionen möglich. Doch hierzu bedarf es eines Lernprogrammes, in dem die thematischen und inhaltlichen Schwerpunkte der einzelnen Gruppensitzungen in Form einer Grobstruktur festgelegt werden. Bei der Umsetzung sollte sich der Gruppenleiter so strukturiert wie nötig und so flexibel wie möglich verhalten.

Zu Beginn der Lerngruppenarbeit sollte den Schülern genügend Gelegenheit zur Lernerfahrung gegeben werden. Das heißt, daß sie berichten können, wie sie bisher mit der Zeitplanung, dem Merken und Erinnern, der Konzentration und den einzelnen Fächern zurechtgekommen sind. Dies ermöglicht erstens eine genauere Analyse der Lernschwierigkeiten. Zweitens trägt das Verbalisieren zur Auflösung emotionaler Lernhemmungen bei. Und drittens erfährt der Schüler, daß er mit seinen Lernschwierigkeiten nicht allein ist, was eine zusätzliche emotionale Entlastung ermöglicht. Die Lernerfahrung wird auch in der weiteren Lerngruppenarbeit praktiziert, dient jedoch hauptsächlich dem Zweck, über die Leistungsentwicklung und die Umsetzung der Lernstrategien in die Lernpraxis zu berichten.

Ein guter Teil der Gruppenarbeit erstreckt sich auf die Vermittlung grundlegender Lernstrategien und auf das Trainieren der Gedächtnis- und Konzentrationsfunktion. Die Lernstrategien sollten weniger in Form von Tips und Instruktionen, sondern vielmehr handlungsorientiert eingeübt werden. Denn eine Aneignung kognitiver Strategien ist nur über eine schrittweise Verinnerlichung äußerer Handlungen möglich (*Galperin*

1967). Die Funktionsübungen eignen sich nicht nur zur Verbesserung des Gedächtnisses und der Konzentration, sondern verhelfen auch zu Erfolgserlebnissen. Denn zu deren Bewältigung sind weniger angelerntes Wissen als vielmehr grundlegende Fähigkeiten notwendig. Die Erfolgserlebnisse wiederum können die bei lernschwierigen Schülern häufig vorkommende Mißerfolgsmotivation ändern, und zwar die Anstrengungsbereitschaft und das Selbstkonzept eigener Fähigkeiten.

Auch bei der Lerngruppenarbeit wird der Lernerfolg von den schulischen und familiären Bezugspersonen mitdeterminiert. Eltern und Lehrer müssen in die Änderungsarbeit eingebunden werden: sei es, daß sie lernhemmende Erziehungseinstellungen und -verhaltensweisen ändern, indem sie beispielsweise durch Ermutigung und Verstärkung das Selbstvertrauen und Selbstwertgefühl des Schülers wiederaufbauen helfen; sei es, daß sie instruiert werden, wie sie durch Lerntips und Lernhilfen dem Schüler zur Seite stehen können. Am wichtigsten ist, daß sie erste positive Veränderungen und auch noch so kleine Erfolge ermutigend verstärken.

Die Lernförderung sollte mit der letzten Sitzung nicht enden. Wie im Falle der Lernberatung ist auch hier ein bestimmtes Maß an Nachbetreuung vonnöten. Wenn der Lehrer mit den betreffenden Schülern weiterhin unterrichtlichen Kontakt hat, kann er sie immer mal wieder ansprechen, nach ihrem Befinden fragen, Tips geben, ermutigen und verstärken. Ist dies nicht der Fall, sollte etwa einen Monat später eine Kontrollsitzung stattfinden. Diese müßte vor allem der Beantwortung folgender Fragen dienen: Wie geht es euch? Wie seid ihr mit dem selbständigen Lernen zurechtgekommen? Habt ihr die Lerntips angewendet? Ist euch das Lernen dadurch leichter gefallen? Auf jeden Fall sollte auch hier ermutigt und verstärkt und gegebenenfalls der eine oder andere Rat gegeben werden.

Zuletzt sei betont, daß der Schüler in der Lerngruppe nicht nur das Lernen lernt. Er lernt auch das Sprechen vor anderen, das Artikulieren, das Zuhören, das Kooperieren und das richtige Verhalten in sozialen Situationen. Darauf wird von Lehrern und Eltern oft hingewiesen, wenn sie nach dem Erfolg der Lerngruppenarbeit befragt werden.

Programmbeispiel: Lerngruppe

1. Gruppensitzung

– Lernerfahrung
– Konzentriertes Textlernen mit Erinnerungsübung
– Visu-motorische Koordinationsübung: Muster fortsetzen
– Konzentriertes Textlernen mit Erinnerungsübung
– Optische Gliederungsübung: Buchstabenwirrwarr

2. Gruppensitzung

– Lernerfahrung
– Konzentriertes Textlernen mit Erinnerungsübung
– Konzentrationsfunktionsübung: Buchstaben-Zahlen-Wechsel
– Konzentriertes Textlernen mit Erinnerungsübung
– Vokabellernübung

3. Gruppensitzung

– Lernerfahrung
– Konzentriertes Textlernen mit Erinnerungsübung
– Konzentrationsfunktionsübung: Symbolrechnen
– Konzentriertes Textlernen mit Erinnerungsübung
– Akustische Gliederungsübung: Geräusche wiedererkennen

4. Gruppensitzung

– Lernerfahrung
– Konzentriertes Textlernen mit Erinnerungsübung
– Konzentrationsfunktionsübung: Symbol-Zahl-Verbindung
– Textaufgaben schrittweise lösen lernen
– Optische Differenzierungsübung: Tiernamen erkennen

7.3 Lernkurs

Lernkurse dienen in erster Linie der Prävention von Lernschwierigkeiten. Im Gegensatz zur Lernberatung und Lerngruppe liegt der Akzent weniger auf der „Lerntherapie", sondern auf der Vermittlung grundlegender

Lerninformationen und Lernstrategien. Die Teilnehmerzahl bewegt sich zwischen 15 und 25 Schülern, die entweder einer Klasse oder einer Jahrgangsstufe angehören. Schüler mehrerer Jahrgangsstufen in einem Kurs zusammenzufassen, sollte möglichst vermieden werden, da das Anknüpfen an den aktuellen Unterrichts- und Lernstoff ansonsten erschwert wird. Nach einer langjährigen Erprobungsphase ist der Autor zu einem Kursmodell gelangt, das aus insgesamt fünf Kurseinheiten besteht, die in fünf Doppelstunden (pro Woche eine Doppelstunde) vermittelt werden können. Die Kursinhalte beziehen sich auf folgende fünf Teilaspekte des Lernprozesses:

● Motivation: Wie kann ich mich dazu bewegen, regelmäßiger zu lernen?
● Organisation: Wie kann ich die Lernbedingungen günstiger beeinflussen?
● Gedächtnis: Wie kann ich das Gelernte besser speichern und abrufen?
● Konzentration: Wie kann ich die für das Lernen notwendige Aufmerksamkeit erreichen?
● Lesen: Wie kann ich Texte zweckmäßiger verarbeiten?

In den einzelnen Kurseinheiten werden dem Schüler anfangs mit Hilfe anschaulicher Folien die Funktionsweisen der Teilprozesse des Lernens (z. B. das Gedächtnis) erklärt, wobei vor allem auch die Dysfunktionen (z. B. Gedächtnishemmungen) behandelt werden. Dadurch soll die Metakognition des Schülers, d. h. sein Wissen über das, was in seinem Kopf beim Lernen und Denken abläuft, verbessert werden. Und hierzu gehört natürlich auch die anschließende Vermittlung von Lernstrategien und Lerntechniken (z. B. Mnemotechniken). Diese werden allerdings nicht nur kognitiv, mittels Instruktionsblättern, sondern auch handlungsorientiert, mittels Übungen, gelehrt. Zum Beispiel dergestalt, daß eine Mnemotechnik an einem momentanen Unterrichtsstoff aus der Biologie eingeübt wird.

Obwohl im Lernkurs das Informieren und Trainieren im Vordergrund stehen, sollten auch die Lernerfahrungen der Schüler einbezogen werden. Diese können im entwickelnden Lehrgespräch oder im Rundgespräch zum Ausdruck gebracht werden. Als Gesprächsinhalte bieten sich sowohl Lernprobleme als auch die Umsetzung im Kurs vermittelter Lernstrategien und Lerntechniken. Aus Zeitgründen kann dies meist nur exemplarisch geschehen.

Genauso wie in der Lernberatung und in der Lerngruppe ist auch das

Interaktionsklima im Lernkurs auf ein einfühlsames und ermutigendes Verhalten des Lehrers angewiesen. Er sollte für die geäußerten Lernprobleme Verständnis signalisieren. Und er sollte Übungserfolge und Umsetzungsversuche auf jeden Fall ermutigend verstärken. Dies wirkt sich sowohl auf die Anstrengungs- als auch auf die Änderungsbereitschaft sehr förderlich aus.

Da die Verbesserung der Metakognition ein wichtiges Lernziel des Lernkurses ist, muß ein entsprechender kognitiver Entwicklungsstand der teilnehmenden Schüler vorausgesetzt werden, und zwar die Fähigkeit zur differenzierteren Selbstreflexion sowie zum formal-operativen Denken. Dies bedeutet, daß das hier beschriebene Kursmodell frühestens ab Klasse 7 einsetzbar ist.

Aufgrund der Freiwilligkeit der Teilnahme besteht die Gefahr, daß der Kurs hauptsächlich von leistungsmäßig besseren und motivierteren Schülern besucht wird und somit die Schere zwischen den Leistungsgruppen noch mehr auseinanderklafft. Verhindert werden kann dies nur, wenn vor Kursbeginn die schlechteren Schüler zur Teilnahme extra motiviert werden oder diesen als Alternative eine Lernberatung bzw. Lerngruppe angeboten wird.

Programmbeispiel: Lernkurs

Kurseinheit: Motivation

- Selbststeuerung mit Tagesprotokollen
- Schrittweise Zielerreichung
- Abbau von Mißerfolgseinstellungen
- Interessenverknüpfung

Kurseinheit: Organisation

- Zeitplanung
- Tagesplanung
- Arbeitsmittel
- Lernen in der Gruppe

Kurseinheit: Gedächtnis

- Gedächtnishemmungen
- Lernen auf mehreren Lernwegen

- Wiederholungslernen
- Strukturieren
- Mnemotechniken

Kurseinheit: Konzentration

- Abbau äußerer Störeinflüsse
- Lernpausen
- Lernstoffwechsel
- Tagesrhythmen
- Entspannungsübungen

Kurseinheit: Lesen

- Schneller lesen
- Abwechslung der Lesegeschwindigkeiten
- Textmarkierungen
- Textauszüge
- Fünf-Schritte-Methode

7.4 Unterricht

Die Förderung des Lernens sollte nicht nur in Beratungen, Gruppen und Kursen stattfinden, sondern auch im Unterricht. Eine als Unterrichtsprinzip verstandene Lernförderung hat gegenüber allen anderen Lernförderformen zwei entscheidende Vorteile. Erstens werden alle Schüler erreicht, was der primären Prävention von Lernschwierigkeiten sehr dienlich ist. Zweitens wird ein enger Fach- und Handlungsbezug ermöglicht, der den Transfer von Lernmethoden enorm erleichtert. Darüber hinaus gehen von einem lernfördernden Lehrverhalten vielfältige Modell- und Vorbildwirkungen aus. So wird ein Lehrer, der bei der Klassenarbeitsterminierung eine langfristige Zeitplanung erkennen läßt, Schüler eher zu einer vernünftigen und schrittweisen Klassenarbeitsvorbereitung motivieren und anregen.
Lernförderung im Unterricht besteht zum einen aus der Praktizierung und Vermittlung der bisher beschriebenen Motivations- und Lernstrategien und zum anderen aus Lehrverhaltensweisen, die den Lernprozeß implizit erleichtern und verbessern helfen. Wie letzteres möglich ist, wird im folgenden Lernförderkonzept konkretisiert. Es enthält Lehr-Lern-Tips,

die entweder auf unterrichtspraktischen Erfahrungen beruhen oder aus motivations- und lernpsychologischen Theorien abgeleitet worden sind. Sie sind als flexible und individualisierbare Handlungsmöglichkeiten zu verstehen. Sie wurden von Lehrern an Grund- und Hauptschulen, Real-schulen und Gymnasien unterrichtlich erprobt und hinsichtlich ihrer Wichtigkeit für die Förderung des Lehr-Lern-Prozesses bewertet (s. Abb. 29). Dabei ergaben sich zwischen den drei Schularten so gut wie keine signifikanten Unterschiede. Das heißt, daß das Lernförderkonzept schulartübergreifend angewandt werden kann.

	Ges. %	GHS %	RS %	GYM %	Chi^2	Sig
● *Wechsel der Unterrichtsformen* (Lehrervortrag, Unter-richtsgespräch, Mediendarbietung, Unterrichtsgang, Partnerarbeit, Stillarbeit).	68	62	75	73	0,51	ns*
● *Lernstoff möglichst auf mehreren Lernwegen* vermitteln, damit er in mehreren Wahrnehmungsfeldern verankert und gespeichert wird.	60	68	50	55	0,99	ns
● die Leistung des einzelnen nicht nur zur Durchschnitts-leistung der Klasse in Beziehung setzen, sondern auch *auf seine individuellen Veränderungen eingehen* und die-se gegebenenfalls würdigen und verstärken.	60	60	63	60	0,01	ns
● *kein Mißverhältnis zwischen Lob und Tadel* aufkommen lassen. Einzelne Schüler und die Klasse immer wieder für positives Verhalten belohnen und verstärken.	44	38	50	48	0,56	ns
● alten, für das Weiterlernen wichtigen *Lernstoff in klei-nen Mengen regelmäßig wiederholen*.	40	32	56	43	1,76	ns
● Lernstoff nicht zu gedrängt und nicht zu schnell vermit-teln, um Gedächtnishemmungen zu vermeiden: *Lern-pausen einlegen*, wiederholen!	32	34	13	38	2,43	ns
● anhand von Lerntexten das *aktive Lesen* (Unterstrei-chen, Randbemerkungen, Auszüge) einüben.	31	28	44	30	0,91	ns
● die *Notwendigkeit der Zeitplanung betonen* und dies am konkreten Beispiel einer Klassenarbeitsvorbereitung aufzeigen.	30	34	19	30	1,04	ns
● Lern- und Disziplinschwierigkeiten so kommentieren, daß zwischen der *Kritik am konkreten Verhalten und der Kritik an der Person* unterschieden werden kann.	30	40	25	20	3,26	ns
● *Hausaufgaben sinnvoll, genau und rechtzeitig* stellen so-wie zumindest stichprobenweise kontrollieren und be-sprechen.	27	36	31	15	3,60	ns
● aus Lerntexten wichtige Begriffe und deren Zusammen-hänge heraussuchen lassen: *Struktur vor Detail*.	26	19	31	33	1,63	ns
● bei schwer merkbaren Fakten *Memorierhilfen anbieten*: Bebilderung, Abkürzung oder Verse nach Rhythmus und Reim.	24	34	13	18	3,54	ns

---

* ns = Häufigkeitsunterschiede, geprüft mit Chi^2, nicht signifikant

	Ges. %	GHS %	RS %	GYM %	Chi^2	Sig
● einen *informierenden Unterrichtseinstieg wählen*, indem Gesamtziel und Teilziel der Stunde aufgezeigt werden.	23	19	25	28	0,73	ns
● zu einer *systematischen Heftführung anleiten* und die Hefte hin und wieder kontrollieren.	20	21	13	23	0,64	ns
● zur systematischen *Anfertigung von Unterrichtsmitschriften* anleiten.	20	21	13	23	0,64	ns
● *Wechsel der Unterrichtsinhalte* (kurze Wiederholung alten Stoffes, Alltagsfragen andiskutieren, interessante Begebenheiten oder Anekdoten erzählen).	20	15	25	25	1,25	ns
● dem *konzentrationsschwierigen Schüler Aktivitäten anbieten*, statt ihn zu bestrafen: darstellen, experimentieren oder erzählen lassen, Organisationsaufgaben delegieren.	19	32	6	10	7,09	s**
● Erhaltung des *Anspannungs-Entspannungsgleichgewichts* (kleine Pausen einlegen, Kurzgymnastik, kleine Entspannungsübungen).	17	23	19	8	3,31	ns
● mündliche und schriftliche Leistungsergebnisse so kommentieren, daß die *Rolle der Anstrengung bei der Leistungsentstehung stark betont* wird.	14	21	6	8	0,77	ns
● sehr *ähnlichen Lernstoff nicht hintereinander* vermitteln, damit es nicht zu Ähnlichkeitshemmungen kommt.	9	11	6	8	0,38	ns
● die wichtigsten *Nachschlagwerke* darstellen und grundlegende *Nachschlagtechniken* einüben.	9	9	6	10	0,20	ns

Abb. 29: Ergebnisse einer Lehrerbefragung (N = 102) zur Wichtigkeit unterrichtlicher Lernfördermaßnahmen

Da die Lernförderung in der Lehrerausbildung lange Zeit vernachlässigt worden ist, kann das Lehr-Lern-Ungleichgewicht nur dann wirksam abgebaut werden, wenn das Lehren des Lernens in der Lehrerfortbildung in breitem Maße propagiert und multipliziert wird. Bisher sind vom Autor folgende Multiplikationsformen erprobt worden:

● Pädagogischer Tag: das Kollegium einer Schule wird einen Tag in Lehrerfortbildung fortgebildet und zur unterrichtlichen Umsetzung motiviert und angeleitet.

● Pädagogischer Lehrgang: Lehrer werden zweieinhalb Tage in Lernförderung fortgebildet, wobei die unterrichtliche Umsetzung intensiv eingeübt wird.

● Pädagogische Arbeitsgruppe: eine interessierte Lehrergruppe wird über das Lernförderkonzept instruiert, tauscht die Umsetzungserfah-

---

**s = Häufigkeitsunterschiede, geprüft mit Chi^2, signifikant bei einer Irrtumswahrscheinlichkeit von p < 0,05

rungen in mehreren Gruppensitzungen aus und beginnt anschließend eine Multiplizierung im Kollegium.

Seit Beginn der Multiplikation ist ein starkes Interesse am Thema „Lernförderung" festzustellen. Dieses ist nicht nur kognitiver Art, sondern auch mit einer starken Motivation zur unterrichtlichen Erprobung und Umsetzung verbunden. Die Umsetzungserfahrungen enthalten das Fazit, daß sich das Lehren des Lernens auf jeden Fall lohnt. Zwar widerspiegele es sich nicht immer in signifikanten Notenbildänderungen, aber es bewirke vor allem eine Erleichterung des Lehr-Lern-Prozesses und eine Entspannung der Lehrer-Schüler-Interaktion. Hervorgehoben wird die Bedeutsamkeit der Motivationsförderung, ohne die eine Förderung der übrigen Teilprozesse des Lernens nur schwer möglich sei. Sehr empfohlen wird die Verbindung von unterrichtlicher und häuslicher Lernförderung, da erstere letztere nicht ersetzen könne. Deshalb müßten die elementaren Lernstrategien und Lerntips auch an Elternabenden und in Elterngesprächen vermittelt werden. Dadurch werde nicht nur die „Lehrkompetenz" der Eltern verbessert, sondern es wirke auf diese motivierend und ermutigend, wenn Lehrer sich um die Förderung des Lernverhaltens kümmern. Dies trage zur deutlichen Verbesserung des Verhältnisses von Elternhaus und Schule bei.

7.5 Elternarbeit

Lernschwierigkeiten zeigen sich nicht nur in der Schule, sondern auch und vor allem beim häuslichen Lernen. Viele Eltern stehen den Lernschwierigkeiten ihrer Kinder bisweilen hilflos gegenüber. Und nicht wenige Eltern reagieren darauf mit falschen Erziehungsmitteln. Manche glauben, durch viel Kontrolle und Forderung fänden Kinder zu einem guten Lernverhalten. Andere sind der Meinung, Kinder kämen von selbst auf den richtigen Lernstil. Hinzu kommen Unwissen und Unsicherheiten, wenn Schüler mit der Technik des Lernens nicht zurechtkommen. Die Gefahr ist dabei, daß die Eltern ihren Kindern Lernstrategien vermitteln, die alles andere als hilfreich und erleichternd wirken. Oft wird die Lernhilfe in ihr Gegenteil verkehrt, nämlich in Überbürdung und Hilflosigkeit.

Wie Lernschwierigkeiten, die vorwiegend bei Hausaufgaben und Klassenarbeitsvorbereitungen auftreten, abgebaut oder vermieden werden können, sollte zu einem zentralen Anliegen schulischer Elternarbeit werden. Erfahrungsgemäß erwarten Eltern vor allem Antworten auf folgende Fragen:

– Wie kann ich mein Kind zum selbständigen Lernen erziehen?
– Wie soll die Lernumwelt meines Kindes aussehen?
– Wie arbeitet das Gedächtnis, wie läßt es sich verbessern?
– Wie entstehen Konzentrationsschwierigkeiten, wie kann ihnen abgeholfen werden?
– Wie läßt sich das Lernen durch fachbezogene Lerntechniken erleichtern?

Hauptzielgruppen der Elternarbeit sollten die Klassen 3 bis 6 sein, wobei auch hier der fünften Klasse besondere Aufmerksamkeit geschenkt werden soll. Was der Schüler in der Eingangsklasse der weiterführenden Schularten an Lernstrategien vermittelt bekommt und wie er dabei zum selbsttätigen Lernen hingeführt wird, entscheidet seinen Schulerfolg mit. Deshalb ist es um so notwendiger, für diese Zielgruppe Elternabende besonders motivierend und informierend zu gestalten.

Es empfiehlt sich, einen Elternabend zum Thema „Lernen lernen" medial zu unterstützen. Hierzu können die Kurzfilme aus der S 3 – Schulfernsehreihe „Gut geplant ist halb gelernt" verwendet werden*. Mit Hilfe dieser

---

* Diese Kurzfilme sind bei den Landesbildstellen erhältlich, das Begleitmaterial beim Südwestfunk, Postfach 820, 7570 Baden-Baden.

122

Filme läßt sich lerntechnisches Wissen anschaulich und verständlich vermitteln. Außerdem sind sie auch gute Gesprächsanlässe für die anschließende Diskussion.

Damit die Elternarbeit auch Erfolge zeitigt, sollten schriftliche Informationsmittel empfohlen bzw. verteilt werden. Zum einen bieten sich Bücher wie das vom Autor speziell für Schüler der Klassen 5 bis 8 verfaßte Lerntraining an (*Keller, Gustav:* Lernen will gelernt sein! Heidelberg: Quelle & Meyer 1991[4]). Zum anderen können die wichtigsten allgemeinen und fachbezogenen Lerntips den Eltern in Form eines Merkzettels an die Hand gegeben werden (s. u.).

Darüber hinaus ist es auch möglich, die Familie in Form von Elternbriefen über das Erlernen des Lernens zu informieren. Das heißt, daß der Klassenlehrer zusammen mit den Fachlehrern zu wichtigen Fragen (z. B. Wie macht man Hausaufgaben? Wie lernt man Mathematik?) Ratschläge gibt.

Die wichtigsten Lerntips kurz und bündig

Zeitplanung: Die wichtigsten Termine (z. B. Klassenarbeiten) in einen Terminkalender eintragen. Hausaufgaben immer notieren. Klassenarbeiten frühzeitig in Portionen vorbereiten.

Hausaufgaben: Nicht gleich nach dem Mittagessen anfangen, sondern zunächst etwa eine halbe Stunde ausruhen. Möglichst zu festen Zeiten lernen. Zuerst die leichteren Aufgaben in Angriff nehmen. Wenn viel zu lernen ist, einen kleinen Tagesplan anfertigen. Abhaken, was erledigt ist.

Heftführung: Leserlich schreiben und sauber zeichnen. Überschrift und Datum nicht vergessen. Wichtiges durch Unterstreichen und Markieren hervorheben. Den Hefteintrag abschließend kontrollieren, damit nichts Falsches gelernt wird.

Lernpausen: Lernen nach dem Rhythmus von Anspannung und Entspannung. Nicht zu lange an einem Stück lernen, sondern immer wieder Pausen einlegen. In den Pausen Atem- und Körperübungen, Musik etc.

Lernfördernder Arbeitsplatz: Vor dem Lernen aufräumen, ablenkende Sachen weglegen. Das Musik- und Radiohören bei schwierigem Stoff vermeiden.

Mehrkanaliges Lernen: Nicht nur übers Anschauen und Durchlesen lernen, sondern Wichtiges herausschreiben, unterstreichen, zeichnen, in eigenen Worten zusammenfassen.

Lernstoffwechsel: Sich nicht zu lange mit demselben Stoff beschäftigen, sondern Pausen machen oder ein anderes Fach dazwischen schieben. Ähnliche Fächer nicht hintereinander lernen.

Lernkontrolle: Prüfen, ob das Gelernte sitzt: das Wichtigste in Stichworten wiedergeben, selbst Fragen stellen und beantworten, Übungsaufgaben lösen, sich abhören lassen.

Gedächtnisstützen: Bei schwer einprägbaren Lerninhalten Zeichnungen, Merkverse, Abkürzungen als Stützen verwenden. Beispiel: „Trenne nie st, das tut weh."

Wiederholungslernen: Lücken, die nach Klassenarbeiten sichtbar werden, durch sofortiges Wiederholen und Auffrischen schließen. Wichtigen, schwer merkbaren Lernstoff markieren oder in Lernkarteiform (Vorderseite: Frage – Rückseite: Antwort) bringen und immer mal wiederholen.

Vokabellernen: Vokabeln zunächst laut lesen und dann mehrmals schriftlich kontrollieren, bis sie sitzen. Nach acht bis zehn Vokabeln eine kleine Pause machen, insgesamt nicht mehr als 30 bis 40 pro Tag lernen. Schwer merkbare Vokabeln auf Lernkarten schreiben oder markieren und während des Schuljahres regelmäßig wiederholen.

Mathelernen: Das Matheheft sauber und übersichtlich gestalten. Haupt- und Nebenrechnungen voneinander trennen. Merksätze und Formeln besonders hervorheben. Schwierige Übungsaufgaben zu Hause nochmals schriftlich trainieren. Hausaufgaben an dem Tag machen, an dem sie aufgegeben werden.

Textlernen: Lange Lerntexte nicht auf einmal lernen, sondern Schritt für Schritt: Überfliegen + gründlich lesen + Wichtiges schriftlich zusammenfassen + wiederholen + prüfen, ob wesentliche Textinhalte verstanden und gespeichert sind.

Literatur: (allgemeine und fachbezogene Lerntechniken)

Für Grundschüler:
Hitzler, W./Keller, G.: So lerne ich richtig. Donauwörth: Auer 1992[2].
Für Schüler der Klassen 5 bis 9:
Keller, G.: Lernen will gelernt sein! Ein Lerntraining für Schüler. Heidelberg: Quelle & Meyer 1991[4].
Für Schüler der Klassen 10 bis 13:
Keller, G.: Der Lern-Knigge. Für Jugendliche und junge Erwachsene. Bad Honnef: Bock 1986.

8. Wie wirksam ist Lernförderung?

Nach der Begründung schulischer Lernförderung und der Darstellung von Fördermöglichkeiten und Fördermethoden wird nun die Frage gestellt, ob bei soviel Aufwand und Mühe das Lernverhalten der Schüler tatsächlich auch erleichtert und verbessert wird. Diese Frage ist legitim, denn nur im Falle einer positiven Beantwortung werden sich Lehrer zu diesem Zusatzengagement motivieren und ermutigen lassen. Daß die Lernförderung wichtige Leistungs- und Verhaltensänderungen zeigt, wird im folgenden anhand empirischer Erkenntnisse und Ergebnisse zu beweisen versucht.
Es gibt in den angelsächsischen Ländern, wo das Lehren des Lernens schon seit Jahren systematisch praktiziert wird, inzwischen eine Menge von Erfolgskontrolldaten, die die Lernförderung als lohnenswert erscheinen lassen (*Dansereau* 1978; *Wilson* 1981; *Weinstein* 1982; *Adams* et al. 1982; *Ladouceur* 1983). Die Vermittlung von Lernstrategien führte zu positiven Änderungen des Schulleistungsniveaus, zu Verbesserungen der Gedächtnis- und Konzentrationsleistung, sowie zu effektiverem Lesen und Textlernen.
Hierzulande, wo die schulische Lernförderung viele Jahre im argen lag, wurde bisher auch dementsprechend wenig Erfolgsforschung betrieben. Der Autor selbst hat in den letzten Jahren mehrere Erfolgskontrollstudien durchgeführt (s. *Keller* 1983), deren Ergebnisse nachstehend berichtet und erläutert werden.
In der ersten Erfolgskontrollstudie wurden N = 117 Elftkläßler des Gymnasiums, die an Lernkursen teilnahmen, interviewt und getestet. Die Befragungen fanden am Kursende, Schuljahresende und nach zwei Jahren statt. Darüber hinaus wurde mit einer Kurzversion des Arbeitsverhaltensinventars AVI (*Thiel/Keller/Binder* 1979) vor und nach dem Kurs ein Test durchgeführt.
Wichtigste Resultate der Erfolgskontrollbefragung der Lernkursteilnehmer waren:

- Nach Kursende wendeten 71% die vermittelten Lern- und Arbeitstechniken beim täglichen Lernen an, nach vier Monaten 80% und nach zwei Jahren 62%.
- Von einer Erleichterung des Lernens berichteten nach Kursende 63%, nach vier Monaten 52% und nach zwei Jahren 59%.
- Eine deutliche notenmäßige Verbesserung der Schulleistungen war

nach Kursende bei 10%, nach vier Monaten bei 21% und nach zwei Jahren bei rund 30% eingetreten.

Gefragt wurde auch, welche Lern- und Arbeitstechniken am meisten zur Erleichterung und Verbesserung des Lernens beigetragen haben. Dabei ergab sich folgendes Ergebnis (Mehrfachantworten; offene Antworten):

- Zeitplanung   57%
- Systematisches Einlegen von Pausen   37%
- Lernwegabwechslung   34%
- Lernstoffabwechslung   14%
- Gestaltung des Arbeitsplatzes   11%
- Wiederholungslernen   9%
- Tagesprotokolle   6%
- Beachtung der Tagesrhythmen   6%
- 5-Schritte-Lesemethode   3%

Der Vortest-Nachtest-Vergleich zeigte, daß in überzufälligem Maße die Mißerfolgsmotivation abnahm, die Fähigkeiten zum Bedürfnisaufschub sich erhöhten, die Konzentrationsfähigkeit zunahm sowie die Planung und Organisation des Lernens sich verbesserten. Die Gedächtnisleistung wurde zwar auch positiv eingeschätzt, doch waren die Mittelwertunterschiede nicht signifikant genug. Bei einer Kontrollgruppe (N = 42), die keine spezielle Lernförderung erhielt, erbrachte der im selben Zeitraum durchgeführte Vortest-Nachtest-Vergleich überhaupt keine signifikanten Unterschiede. Daraus ist zu schließen, daß die Lern- und Arbeitsverhaltensänderungen der Lernkursteilnehmer auf die Lernförderung zurückzuführen sind.

Eine zweite Erfolgskontrollstudie wurde mit N = 20 Real- und Gymnasialschülern der Klassen 8–10 vorgenommen, die Lernförderung in Form einer intensiven Lernberatung erhielten. Die Erfolgskontrollbefragung am Schuljahresende ergab, daß

- 95% die vermittelten Lern- und Arbeitstechniken beim täglichen Lernen anwendeten,
- 80% von einer Erleichterung des Lernens berichteten,
- 80% sich notenmäßig deutlich verbesserten, und zwar von 3,8 auf 3,1 im Durchschnitt der versetzungsrelevanten Fächer.

Als am nützlichsten wurden folgende Lern- und Arbeitstechniken bezeichnet (Mehrfachantworten, offene Antworten):

- Lernwegabwechslung   85%
- Zeitplanung   70%
- Systematisches Einlegen von Pausen   40%
- Lernkartei   40%
- Wiederholungslernen   35%
- Tagesprotokolle   30%
- 5-Schritte-Lesemethode   25%
- Gestaltung des Arbeitsplatzes   20%
- Lernstoffabwechslung   15%
- Gedächtnisstützen   10%

Der mit Hilfe einer Sekundarstufe I-Version des AVI durchgeführte Vortest-Nachtest-Vergleich fiel hinsichtlich des Bedürfnisaufschubs, der Mißerfolgsmotivation, des Gedächtnisses, der Konzentration sowie der Planung und Organisation des Lernens sehr signifikant und positiv aus. Bei einer nicht gezielt geförderten Kontrollgruppe (N = 18) waren die Unterschiede minimal und zufällig. Auch daraus kann gefolgert werden, daß die positiven Änderungen von der Lernförderung bewirkt worden sind.

Im Rahmen eines unterrichtlichen Lernförderprojektes wurde auch die Frage untersucht, ob das direkte, eng an die Stoffvermittlung gebundene Einüben von Lernstrategien Wirkungen zeigt. N = 64 Hauptschüler bekamen im Unterricht Lernstrategien vermittelt und wurden am Schuljahresbeginn sowie am Schuljahresende mit der Sekundarstufe I-Version des AVI getestet. Verglichen wurden sie dabei mit einer zu denselben Zeitpunkten untersuchten Kontrollgruppe, die keine spezielle Lernförderung erhielt. Ergebnis der Vorher-Nachher-Vergleiche war, daß sich die Hauptschüler mit unterrichtlicher Lernförderung in überzufälligem Maße vor allem hinsichtlich der Lernorganisation, der Gedächtnisstrategien sowie der Mißerfolgsmotivation verbessert hatten. Nur leicht positiv änderten sich der Bedürfnisaufschub und die Konzentration. Bei der Kontrollgruppe waren keinerlei signifikante Veränderungen festzustellen. Erfreulich war auch der Befund, daß sich die „Leistungsschere" zwischen den Teilgruppen der Leistungsstärkeren und Leistungsschwächeren im Verlauf der Lernförderung deutlich verringerte.

Der Versuch, das Lern- und Arbeitsverhalten der Schüler durch systematische Lernförderung positiv zu verändern, kann aufgrund der Erfolgskontrolldaten als gelungen bezeichnet werden. Die Lernförderung zeigte drei wesentliche Wirkungen:

- Generelle Erleichterung des Lern- und Arbeitsverhaltens durch ins tägliche Lernen umgesetzte Lern- und Arbeitstechniken.
- Spezielle Verbesserung des Lern- und Arbeitsverhaltens in konkreten Bereichen (z. B. Motivation, Organisation, Konzentration, Gedächtnis).
- Verbesserung der Schulleistungen.

Es fällt auf, daß die Erfolgskontrolldaten der Lernberatungen positiver ausgefallen sind, was übrigens nach informellen Auswertungen des Autors auch auf die Lerngruppen zutrifft. Dies läßt sich zum einen auf die unterschiedliche Stichprobenzusammensetzung zurückführen. Denn an den Lernkursen und am „Lernunterricht" nahmen auch Schüler mit befriedigendem und gutem Lern- und Leistungsverhalten teil, wohingegen es sich bei den Beratungsfällen ausschließlich um schlechte Schüler handelte. Letztere profitierten somit von der Lernförderung erwartungsgemäß mehr. Zum anderen hängen die positiveren Effekte der Lernberatung und der Lerngruppe auch mit der zeitlich längeren und intensiveren Betreuung zusammen, die sich auch in einer verstärkteren Umsetzung der vermittelten Lernstrategien widerspiegelt.

Der Autor hat auch eine Wirksamkeitsanalyse durchgeführt, in der er erfolgreich (N = 50) mit nicht erfolgreich (N = 20) geförderten Schülern hinsichtlich verschiedener Merkmale verglich (Geschlecht, Alter, Klasse, Intelligenz, Schulform, Notenbild, Familienstruktur, Förderform, Förderbeziehung und Förderkonsequenz).

Ergebnis war, daß sich Erfolgreiche von Nichterfolgreichen kaum unterschieden, mit Ausnahme der Förderbeziehung und der Förderkonsequenz. Dies heißt im Klartext: Eine Lernförderung ist um so erfolgreicher,

- je positiver die emotionale Beziehung zwischen demjenigen, der fördert, und dem geförderten Schüler;
- je konsequenter der Schüler die vermittelten Lernstrategien ins tägliche Leben umsetzt.

Die Wirksamkeit der Lernförderung hängt also in starkem Maße auch von dem emotionalen Klima ab, in dem sich das Lehren des Lernens bzw. das Lernen des Lernens abspielt. Eine Beobachtung, die auch im Essener Modellversuch zur Lese-Rechtschreibförderung empirisch nachgewiesen wurde (*Betz/Breuninger* 1982, S. 43 f.), und natürlich auch eine Erfahrung, die beim Erziehen und Unterrichten jeder Pädagoge täglich macht.

Förderbeziehung

	Erfolgreiche		Nichterfolgreiche	
	%	f	%	f
eher positiv	82	(41)	22	(5)
eher negativ	18	(9)	78	(17)

$chi^2 = 24,5; p < 0,001$ (sehr signifikant)

Abb. 30: Zusammenhang zwischen Förderkonsequenz und Fördererfolg

Förderkonsequenz

	Erfolgreiche		Nichterfolgreiche	
	%	f	%	f
eher gut	84	(42)	18	(4)
eher schlecht	16	(8)	82	(18)

$chi^2 = 25,91; p < 0,001$ (sehr signifikant)

Abb. 31: Zusammenhang zwischen Förderkonsequenz und Fördererfolg

Dabei ist es aber wichtig, zu beachten, daß ein positives emotionales Klima nicht mit Gewährenlassen zu verwechseln ist, sondern nach meinen Fördererfahrungen entsteht es aus emotionaler Wärme, aus dem Verstärken selbst kleiner Fortschritte und aus der konsequenten Ermutigung in Augenblicken des Mißerfolges und Versagens.
Das emotionale Klima reicht jedoch allein nicht aus. Hinzu kommen müssen Lernstrategien. Diese können nur wenig durch kognitives Lernen, sondern großenteils durch praktische Lernhandlungen erworben werden. Nur so entstehen im Kopf des Schülers jene Lernstrategien, mit denen sich das Lernverhalten erleichtern, steuern und verbessern läßt.

9. Literaturverzeichnis

Aebli, H.: Zwölf Grundformen des Lernens. Stuttgart: Klett 1983.

Adams, A./Carnine, D./Gersten, R.: Instructional strategies for studying content area texts in the intermediate grades. Reading Research Quarterly 1982, 18, 27–55.

Angermeier, F.: Praktische Lerntips für Studierende. Berlin, Heidelberg, New York: Springer 1976.

Auberle, K./Ohmann, K.: Das erweiterte Bildungsangebot. Erfahrungsbericht einer Hauptschule. Villingen: Neckar Verlag 1983.

Ausubel, D. P.: The Psychology of meaningful verbal learning. New York: Grune & Stratton 1963.

Bachmair, S./Faber, J./Hennig, C./Kolb, R./Willig, W.: Beraten will gelernt sein. Ein Übungsbuch für Anfänger und Fortgeschrittene. Weinheim und Basel: Beltz 1982.

Ballstaedt, S. P./Mandl, H./Schnotz, W./Tergan, S. O.: Texte verstehen, Texte gestalten. München, Wien, Baltimore 1981.

Berg, D./Neubauer, H.: Ergebnisse einer Umfrage des Lehrstuhls für Schulpsychologie. Bamberg: Projektbericht der Universität 1982.

Betz, D./Brenninger, H.: Teufelskreis Lernstörungen. Analyse und Therapie einer schulischen Störung. München, Wien, Baltimore: Urban und Schwarzenberg 1982.

Binas, D.: Konzentrations-Trainingsprogramm für Kinder des 3. und 4. Schuljahres. Weinheim und Basel: Beltz 1973.

Bossmann, D.: Die verdammten Hausaufgaben. Frankfurt: Fischer 1979.

Bronmann, W./Kochansky, G./Schmid, W. F.: Lernen lehren. Training von Lernmethoden und Arbeitstechniken. Bad Heilbrunn: Klinkhardt 1981.

Brown, A. L.: Metakognition, Handlungskontrolle, Selbststeuerung und andere noch geheimnisvollere Mechanismen. In: Weinert, F. E./Kluwe, R. H. (Hg.): Metakognition, Motivation und Lernen. Stuttgart: Kohlhammer 1984.

Brown, W. F./Holtzman, W. H.: SSHA (Survey of Study Habits and Attitudes). New York: The Psychological Corporation 1967.

Buzan, T.: Kopftraining. München: Goldmann 1984.

Dahmer, H./Dahmer, J.: Effektives Lernen und gezielte Examensvorbereitung. Stuttgart und New York. Schattauer 1976.

Dansereau, D.: The development of a learning strategies curriculum. In: O'Neil, H. F. (Ed.): Learning strategies. New York, San Francisco, London: Academic Press 1978.

De Charms, R.: Ein schulisches Trainingsprogramm zum Erleben eigener Verursachung. In: Edelstein, W. / Hopf, D. (Hg.): Bedingungen des Bildungsprozesses. Stuttgart: Klett 1973.

Derschau, D. v. (Hg.): Hausaufgaben als Lernchance zur Verknüpfung schulischen und außerschulischen Lernens. München, Wien, Baltimore: Urban und Schwarzenberg 1979.

Deutscher Bildungsrat: Strukturplan für das Bildungswesen. Stuttgart: Klett 1970.

Dreikurs, R. /Grunwald, B. B./Pepper, F. C.: Schülern gerecht werden. Verhaltenshygiene im Schulalltag. Weinheim und Basel: Beltz 1983[3].

Ebbinghaus, H.: Über das Gedächtnis. Leipzig: Duncker 1885.

Eigler, G.: Lernen lehren – erziehungswissenschaftlich betrachtet. Unterrichtswissenschaft 1983, 11, 335–349.

Eisenhut, G./Heigl, J./Zöpfl, H.: Üben und Anwenden. Bad Heilbrunn: Klinkhardt 1981.

Ernährungs-Info Frühstück 4. Ministerium für Ernährung, Landwirtschaft, Umwelt und Forsten. Baden-Württemberg. Stuttgart 1981.

Freinet, C.: Pädagogische Texte. Mit Beispielen aus der praktischen Arbeit nach Freinet. Reinbek: Rowohlt 1980.

Feiks, D./Rothermel, G.: Hausaufgaben – pädagogische Grundlagen und praktische Beispiele. Stuttgart: Klett 1981.

Gagné, R. M.: Die Bedingungen des menschlichen Lernens. Hannover: Schroedel 1973.

Galperin, T. J.: Die Entwicklung der Untersuchungen über die Bildung geistiger Operationen. In: Hiebsch, H. u. a. (Hg.): Ergebnisse der sowjetischen Psychologie. Bern: Huber 1967.

Garfield, S. L.: Psychotherapie. Weinheim und Basel: Beltz 1982.

Graf, O.: Arbeitszeit und Arbeitspausen. In: Handbuch der Psychologie, Band 9, Göttingen: Hogrefe 1961.

Grell, J./Grell, M.: Unterrichtsrezepte. München: Urban & Schwarzenberg 1979.

Hartung, K.: Die Ganztagsschule aus pädiatrischer Sicht. In: Bundesvereinigung für Gesundheitserziehung (Hg.): Gesundheitliche Aspekte der Ganztagsschule. Bonn 1974.

Hoffmann, K. W./Kanig, G. E./Weltner, K. U.: Lernen außerhalb von Lehrveranstaltungen. Ergebnisse einer Befragung von Schülern – Lehrern – Hochschullehrern. Frankfurt: Projektbericht der Universität 1979.

Hurrelmann, K.: Leistung und Versagen. Alltagstheorien von Schülern und Lehrern. München: Arbeitsgruppe Schulforschung 1980.

Jost, A.: Die Associationsfestigkeit in ihrer Abhängigkeit von der Verteilung der Wiederholungen. Zeitschrift für Psychologie 1897, 14, S. 436–472.

Keller, G.: Die Effektivität der Lern- und Arbeitsverhaltensmodifikation. In: Trolldenier, H. P./Meißner, B. (Hg.): Texte zur Schulpsychologie und Bildungsberatung. Band 4. Braunschweig: Pedersen 1983.

Keller, G.: Lernen will gelernt sein! Ein Lerntraining für Schüler. Heidelberg: Quelle & Meyer 1991[4].

Keller, G./Thewalt, B.: Effekte eines Konzentrationstrainings. Zeitschrift für Psychologie in Erziehung und Unterricht. 1980, 27, 170–173.

Kintsch, W.: Gedächtnis und Kognition. Berlin, Heidelberg, New York: Springer 1982.

Kleber, E. W./Fischer, R.: Lern- und Arbeitsverhalten. In: Klauer, K. J. (Hg.): Handbuch der pädagogischen Diagnostik. Band II. Düsseldorf: Schwann 1978.

Kohl, K. u. R.: Schule ohne Streß. Praktische Lernhilfen für die wichtigsten Haupt- und Nebenfächer. Düsseldorf u. Wien: Econ 1980.

Krug, S.: Motivförderungsprogramme: Möglichkeiten und Grenzen. Zeitschrift für Entwicklungspsychologie und pädagogische Psychologie 1983, 25, 317–346.

Kühn, R.: Bedingungen für den Schulerfolg. Göttingen: Hogrefe 1983.

Kugemann, W. F.: Lerntechniken für Erwachsene. Reinbek: Rowohlt 1978.

Kuntze, K.: Probleme im Schulalltag. Die Tätigkeit der Schulpsychologen. Paderborn: Schöningh 1982.

Ladouceur, R.:/Armstrong, J.: Evaluation of a behavioral program for the improvement of grades among high school students. Journal of Counseling Psychology 1983, 30, 100–103.

Leitner, S.: So lernt man lernen. Freiburg, Basel, Wien: Herder 1972.

Löhr, G./Pieiser, S.: Strategien der Erholung. Bergisch Gladbach: Lübbe 1979.

Löwe, H.: Probleme des Leistungsversagens in der Schule. Berlin: Volk und Wissen 1972.

Meichenbaum, D.: Methoden der Selbstinstruktion. In: Kanfer, F. H./Goldstein, A. P.: Möglichkeiten der Verhaltensänderung. München: Urban & Schwarzenberg 1977.

Meister, H.: Förderung schulischer Lernmotivation. Düsseldorf: Schwann 1977.

Metzig, W./Schuster, M.: Lernen zu lernen. Anwendung, Begründung und Bewertung von Lernstrategien. Berlin, Heidelberg, New York: Springer 1982.

Meyer, H.: Leitfaden zur Unterrichtsvorbereitung. Königstein/Ts.: Scriptor 1980.

Naef, R. D.: Rationeller Lernen lernen. Weinheim und Basel: Beltz 1983[12]

Oerter, R./Schuster, M.: Zur Entwicklung des Gedächtnisses. In: Oerter, R./Montada, L. (Hg): Entwicklungspsychologie. München, Wien, Baltimore: Urban und Schwarzenberg 1982.

Ornstein, R. E.: The Psychology of Consciousness. San Francisco: Freeman 1975.

Paivio, A.: Imagery and long-term memory. In: Kennedy, A./Wilkes, A. (Hg.): Studies in long-term memory. London: Wiley 1975.

Pallasch, W./Zopf, D.: Methodix. Bausteine für den Unterricht. Weinheim und Basel: Beltz 1980.

Pallasch, W./Zopf, D.: Praktix. Bausteine für den Unterricht II. Weinheim und Basel: Beltz 1981.

Parreren, C. F. van: Lernen in der Schule. Weinheim und Basel: Beltz 1969.

Petersen, P.: Die Praxis der Schulen nach dem Jenaplan. Weimar 1934.

Petersen, P.: Führungslehre des Unterrichts. Braunschweig: Westermann 1950.

Posner, M. I.: Kognitive Psychologie. München: Juventa 1976.

Potthoff, W.: Erfolgssicherung im Unterricht. Freiburg, Basel, Wien: Herder 1981.

Rainer, W.: Lernen lernen. Ein Bildungsauftrag der Schule. Paderborn: Schöningh 1980.

Rapp, G.: Aufmerksamkeit und Konzentration. Bad Heilbrunn: Klinkhardt 1982.

Richter, W./Pieritz, R.: Keine Angst vor Klassenarbeiten. Ein Übungsprogramm mit Tonkassette. Weinheim: Beltz 1983.

Rheinberg, F.: Leistungsbewertung und Lernmotivation. Göttingen: Hogrefe 1980.

Rohracher, H.: Einführung in die Psychologie. München und Wien: Urban & Schwarzenberg 1977[11].

Rosenthal, R./Jacobson, L.: Pygmalion im Unterricht. Lehrererwartungen und Intelligenzentwicklung der Schüler. Weinheim, Berlin, Basel: Beltz 1971.

Rubinstein, S.: Die Interessen. In: Thomae, H. (Hg.): Die Motivation menschlichen Handelns. Köln: Kiepenheuer & Witsch 1965.

Russell, P.: Der menschliche Computer. München: Heyne 1982.

Rutter, M./Maughan, B./Mortimer, P./Ouston, J.: Fünfzehntausend Stunden. Schulen und ihre Wirkung auf Kinder. Weinheim und Basel: Beltz 1980.

Sander, E.: Lernstörungen, Ursachen, Prophylaxe, Einzelfallhilfe. Stuttgart: Kohlhammer 1981.

Schiefele, H.: Interesse. In: Ders./Krapp, A. (Hg.): Handlexikon der Pädagogischen Psychologie. München: Ehrenwirth 1981.

Schmale, H.: Umweltgestaltung. In: Hermann, T. et al. (Hg.): Handbuch psychologischer Grundbegriffe. München: Kösel 1977.

Schuster, D. H./Gritton, C. E.: Suggestopädie in Theorie und Praxis. Bremen: Psychologische Lernsysteme 1986.

Spandl, D. P.: Konzentrationstraining mit Schulkindern. Freiburg, Basel, Wien: Herder 1980.

Spandl, D. P.: Lernstörungen bei Schulkindern. Freiburg, Basel, Wien: Herder 1982.

Speichert, H.: Hausaufgaben sinnvoll machen. Anregungen zum Lernerfolg. Reinbek: Rowohlt 1980.

Speichert, H.: Praxis produktiver Hausaufgaben. Ein Lehrer-Handbuch. Bensheim: Päd. Extra 1981.

Stuckert, G.: „Lernen des Lernens" als bildungspolitisches Postulat. In: Geppert, K./Preuss, E. (Hg.): Selbständiges Lernen. Bad Heilbrunn: Klinkardt 1980.

Tausch, R./Tausch, A.: Erziehungspsychologie. Begegnung von Person zu Person. Göttingen: Hogrefe 1977[8].

Thiel, R. D./Keller, G.: Das Arbeitsverhaltensinventar (AVI) – ein Testinstrument zur Diagnose des Lern- und Arbeitsverhaltens. Diagnostia 1978, 24, 329–340.

Thiel, R. D./Keller, G./Binder, A.: Arbeitsverhaltensinventar (AVI). Braunschweig: Westermann 1979.

Thomas, E. L./Robinson, H. A.: Improving reading in every class: A sourcebook for teachers. Boston: Allyn & Bacon 1972.

Tiedemann, J.: Schulerfolg und Schulversagen. In: Schiefele, H./Krapp, A.: Handlexikon zur Pädagogischen Psychologie. München: Ehrenwirth 1981.

Vester, F.: Denken, Lernen, Vergessen. München: Deutscher Taschenbuch Verlag 1978a.

Vester, F.: Phänomen Streß. München: Deutscher Taschenbuch Verlag 1978b.

Vester, F./Beyer, G./Hirschfeld, M.: Aufmerksamkeitstraining in der Schule. Heidelberg: Quelle & Meyer 1983².

Wagner, I.: Aufmerksamkeitstraining bei impulsiven Kindern. Stuttgart: Klett 1976.

Wagner, I.: Aufmerksamkeit und Konzentration. In: Schiefele, H./Krapp, A. (Hg.): Handlexikon zur Pädagogischen Psychologie. München: Ehrenwirth 1981.

Wagner, I. Aufmerksamkeitsförderung im Unterricht. Bern: Lang 1984.

Weinert, F: E.: Ist Lernen lehren endlich lehrbar? Einführung in ein altes Problem und in einige neue Lösungsvorschläge. Unterrichtswissenschaft 1983, 11, 329–334.

Weinstein, C. E.: Training students to use elaboration learning strategies. Contemporary Educational Psychology 1982, 7, 301–311.

Wenzel, A.: Die Grundschule als Schule der Selbsttätigkeit. In: Geppert, K./Preuß, E. (Hg.): Selbständiges Lernen. Bad Heilbrunn: Klinkhardt 1980.

Wilson, N.: The effects of anxiety management training and study skills counseling on test anxiety, test performance and self esteem of sixth and seventh graders. Dissertation Abstracts International 1981, 41, 3432-A.